花園大学人権論集 32

多様性を包む共同体は可能か?

他者の理解から共感へ

花園大学人権教育研究センター 編

Human Rights Thesisses in Hanazono University

批評社

はしがき

本書は、花園大学人権教育センターの出版物の中で市販されているシリーズ『花園大学人権論集』の第三二巻です。本書では、二〇二三年一二月に開催された花園大学人権週間での講演三本と、二〇二四年の人権教育研究会での研究発表三本を収めており、センターの人権についての取り組みを大学内外に発信するものです。

●再び「戦争の世紀」の到来か~長引くロシアのウクライナ侵略とガザの事態

今から四半世紀前、世紀が変わるとき、「戦争の世紀」から「人権の世紀」へといわれたことを覚えています。しかしながら、二〇二二年二月二四日に勃発したロシアによるウクライナ侵略は丸三年になろうとし、二〇二三年一〇月六日のハマスによるイスラエルへのミサイル攻撃に始まったガザでのジェノサイド（皆殺し）は早一年三か月を越え、やっとこの一月一九日に停戦合意が発効し、第一段階の六週間の停戦に入りました。

私は、本学の人権総論（半年分一五コマを使い現代の人権問題を考える講義。花園大学の学生は必修）の講義のうちの一コマを戦争と平和を考える時間に当て、「戦争は最大の人権侵害」であることを学生に教えています。

ロシアによるウクライナ侵略は、ロシアによる一方的な侵略戦争であり、また、ロシア軍による一般市民や病院、学校、また原発やダムなどへの大規模な攻撃は明らかにジュネーブ条約（戦地や海上での傷病者の状態改善、捕虜の待遇、そして戦時における文民の保護を目的とする条約）に反する戦争犯罪です。昨年二〇二四年の人権週間前夜祭では、ウクライナ侵略が始まって二〇日間のウクライナ西部の都市マリウポリの事態を、AFP通信の記者が命がけで記録した「実録　マリウポリの20日間」を視聴しましたが、産院が攻撃され、臨月の母親が胎児もろとも亡くなったことを伝える映像には声も出ませんでした。

またガザでは、二〇二四年一〇月六日までの戦争勃発後一年間で死者は四万人を超え、子どもの犠牲者は一一、三五五人に達しています。実に毎日三一人の子どもたちが、大人の都合で未来を閉ざされているのです。ガザに住む二一〇万人の住民のうち九六％が「危機あるいはそれ以上の食料不安」の状態にあり、五〇万人が「壊滅的なレベルにある食料不安」に陥っています。「人々の生存条件を根こそぎ破壊するするための攻撃であり、原爆すら想起する」事態なのです（藤原辰史京大准教授、「朝日新聞」二〇二四年一〇月七日）。

私は、こうした悲惨な事態を学生に紹介し、授業の締めくくりには、本学の建学の精神を具現化した「教堂の祈り」（「万人平等に具《そな》えられし仏心を見失わず、世界の平和を願求《がんぐ》し、暴力に訴えず、自らを内省し我欲を制し、個人の幸福が人類の福祉と調和する道を歩まんことを」など）を読み上げています。しかし、気持ちはシャキッとしても、現実の悲惨な事態に、どこか心が晴れない気持ちが残る授業となっていました。

●被団協のノーベル賞受賞がもたらした希望

しかし、二〇二四年一二月の被団協（日本原水爆被害者団体協議会）のノーベル平和賞受賞のニュースは、どんよりした空に青空をもたらすものでした。同時に私は、何か、いい意味で水をぶっかけれらたような、すっきりとした気持ちにもなりました。被団協の授賞理由は「核兵器のない世界を実現するための努力と、核兵器が二度と使われてはならないことを目撃証言を通じて示してきたこと」であり、ノーベル委員会は、被団協が「核のタブー」（核兵器使用は許されないとする国際的な規範）を世界的に醸成し、「約八〇年間戦争で核兵器が使われていない」事実への貢献を認めたのでした。しかし一方で、度重なるプーチンの核兵器使用発言などにも明らかな、「今日、核兵器使用に対するこのタブーが圧力にさらされている」という危機感を示したのです。
私たち日本人は、唯一の被爆国に生まれた人間として、被爆者がいつまでも被爆体験を語り続け、しかし日本政府がアメリカの核に頼って核兵器廃絶への具体的な取り組みをしないことに悪慣れしてきたのではないでしょうか。「核抑止論」（いざとなればヒロシマ・ナガサキを再現するという脅迫・報復・恐怖の論理）が暗黙の前提となっていなかったのかという、いわば、現実への安住の危険を、被団協のノーベル賞受賞は気づかせてくれたのです。私たちが安住している間に、核兵器の使用がリアルに迫ってきていたといえましょう。

●被爆の実相を伝え続けることが「核抑止論」克復の途

こうした認識の上にたって、あらためて被団協の記録を読むと原爆の恐ろしさが肌感覚で感じられてきます。

広島市、長崎市の上空500〜600メートルで炸裂した原爆は、「爆発で生まれた火球は摂氏数百万度に達し地表でも3000℃から5000℃となり、強い熱線は爆心地から2㎞余りの地点でも火災を引き起こし、多くの死傷者を出しました。また、爆発の直後に起きた爆風によって、爆心地から1・5㎞内の木造家屋は一瞬にして倒壊しました。」。原爆がそれまでの兵器との「決定的な違いは、人間の細胞を破壊し、遺伝子を傷つける「放射線」を出したことです。（略）その恐ろしさは、被爆時の被害の壊滅的な大きさだけでなく、その影響が長く続くことにあります。」「その年（１９４５年）の末までに、広島では１４万人余、長崎では７万人余の人々が亡くなりました。かろうじて生き残った人々も、原爆による死への不安の中で生きていくことを余儀なくされました。」

あの日、「赤く焼きただれてふくれあがった屍の山。眼球や内臓の飛び出した死体。黒焦げの満員電車。倒れた家の下敷きになり、生きながら焼かれた人々。髪を逆立て、ずるむけの皮膚をぶら下げた幽霊のような行列。人の世の出来事とは到底いえない無残な光景でした。」（日本原水爆被害者団体協議会編『被爆者からあなたに　いま伝えたいこと』岩波ブックレット）

このように、原爆は、人間として死ぬことも、生きることも許さない兵器なのです。そして、このような期間に二一万人が命を落とす事態を私たちは想像しなければなりません。これまで私たちが体験している大量死の事態は、東日本大震災の累計一五、九〇〇人（二〇二四年三月一一日までの一三年間）が最大でしょう。その十数倍の人々が短期間の間に殺されたのが広島、長崎の事態なのです。そしてまた、このすさまじい惨状は自然災害ではなく、人為的に起こされたものなのです。

●「人類が核兵器で自滅することがないように」（田中熙巳　被団協代表委員）

日本被団協の田中熙巳《てるみ》代表委員は昨年一二月一〇日のノーベル平和賞受賞式のスピーチで次のよ

うに述べられました。

「想像してみてください。直ちに発射できる核弾頭が4千発もあるということを。広島や長崎で起こったことの数百倍、数千倍の被害が直ちに現出することがあるということです。皆さんがいつ被害者になってもおかしくないし、加害者になるかもしれない。」と。私たちは、今こそ、被団協の呼びかけに応えて、核兵器廃絶のため、行動に立ち上がるときではないでしょうか。

当面は、核兵器の開発、実験、使用、使用の威嚇などを禁止する核兵器禁止条約（二〇二四年九月現在　署名：九四か国・地域、批准：七三か国・地域）を広げ、核兵器保有国を少数派にすること、日本政府がドイツと同じように、せめて同条約へオブザーバーとして参加することが重要です。

●「学ぶことから」始めよう！

二〇二四年が、世界的に戦火が収まらず、核戦争の危機が深まる中、被団協のノーベル平和賞受賞という未来への希望がさす一年であったことから、戦争と核兵器の廃絶について踏み込んだ問題提起をさせていただきました。

しかし、当然のことですが現代の人権状況は戦争や核兵器にとどまるものではありません。

二〇二三年の人権週間の諸講演では、京都市内で最大規模の被差別の地域に生まれ育ち、そして今は、移転してきた京都芸大とのコラボを通じて新たな街づくりの可能性について（藤尾まさよさん）、「メディアから考える「多様性」」と題して、子ども記者クラブの活動や地域のカフェとの協働によって地域でのつながりの場の形成をどうすすめていくか（石﨑立夫さん）、同性婚をめぐる全国の裁判の状況や争点、またＬＧＢＴＱをとりまく近時の状況について（三輪晃義さん）、収録しています。

二〇二四年度の花園大学人権教育研究会例会では、「『持続可能な開発のための教育（ＥＳＤ）』のあり方とその可能性」（花園大学・木村裕先生）、「心理学者ヴィゴツキーのユダヤ人としての苦悩と克服」（同・伊藤美和子先生）、「家族分離・虐待を経験した子どもたちのその後」（同・梅谷聡子先生）など、いずれも現代的な人権課題を俎上に挙げて示唆に富む検討を行っています。

現代の人権状況は様々な角度からの接近を必要としています。それぞれ貴重な論稿であると思っています。まずは「知ることから」始めてみませんか。

二〇二五年三月

花園大学人権教育研究センター所長（社会福祉学部教授）　吉永　純

多様性を包む共同体は可能か？

――他者の理解から共感へ

花園大学人権論集㉜

もくじ

このまちが好きだから
～被差別の歴史をもつ地域に生まれて～

藤尾まさよ

皆さん、こんにちは。ただいまご紹介にあずかりました藤尾でございます。まず初めによく藤尾先生とか言われるんですけれど、私は先生ではありません。私はいろいろな方が被差別の地域と呼ぶ所で生まれて生きてきて、そして途中、地域から逃げるようにして外に住んで、そしてまた戻ってきて、今、地域の中で活動しているという、ただそれだけの者です。今日は先ほど学長から言っていただきました東日本大震災の話にも触れていこうと思っています。

まず、部落差別って聞いたことがある人は何人ぐらいおられますか？　ありがとうございます。

全然聞いたことがないという方もちょっと手を挙げてもらえますか？　はい、ありがとうございます。全然聞いたことない人がいますね。部落差別って何かと言ったら、「どこで生まれたとか、どこの出身とか、どこにルーツがあるとか、そういうことを理由に差別をすること」ですが、歴史の中でなぜこの考えが残り続けてきたのか、なぜ今、まだ部落差別が残る社会の姿があるのか？　ということを考えてほしいと思います。そのようなことを頭の隅に置いて話を聞いていただけたらと思います。

●自己紹介

今日の演題に、「このまちが好きだから～被差別の歴史を持つ地域に生まれて～」と、被差別の地域って書いていますが、地元の人は自分たちの地域のことを被差別地域とは言いません。この題はどのような話をするのかがわかりやすいように書いています。

まず自己紹介です。「なんか、いろんなことしてはるな～」と思ってもらったらいいです。私は、京都市の中学校でＰＴＡ会長をしていました。この学校は今は閉校してしまいましたが、今も当時のＰＴＡの合言葉、「すべては子どもたちのために」という気持ちを持って活動しています。

そしてもう一つ、今、愛するパートナーと暮らしています。この人は私のことを理解しようという姿勢があります。この人の職場では人権研修がしっかりされていて、部落問題のこともよく理解していて、どこで生まれたということで人を判断するようなことはしない人で、私の生き方を理解してくれる。やっぱり理解者がそばにいてくれたり、理解者が多い環境は誰にとっても生きやすいです。ですから、皆さんが学習されて何かを理解していくことによって、その理解された側の人たちにとっても、自分にとっても、とても居心地のいい環境をつくれると思います。

そして、私が目指す人間像は最強の近所のおばちゃんです。最強の近所のおばちゃんというのは、皆さんの周りにおられるでしょうか？　ちょっと外へ出たら声かけてくれるおばちゃんとかおっちゃんとかいませんか？　私が小さいときから、その人たちは子どもを見ると、「どこ行くんや？」って声をかけてくれる。帰ってきたら「帰ってきたんか？」、しんどそうな顔をしていたら「どうしたんや？　何かあったんか？」って聞いてくれる、そういう地域の人たちに囲まれて生きてきました。これって、子どものときには気がつかなかったんですけど、人権学習をした今考えると、こういうふうに、ちょっとしたことで声をかけられるっていうのはすごい能力や、と思うようになりました。

声をかけるっていうのは、相手の存在を認めているっていうことですし、そして声をかけるというのは、自分がここにいるよって自分の存在も示すことができる人たちだということがわかってきて、それはすごいことと思って、私もそういうおばちゃんになりたいと思って、日々精進しています。

●人権学習は幸せの学習

今日のお話ですが、まず自己紹介、次に私の人生を、そしてこれからの歴史は私たちがつくるっていうところまで皆さんと一緒に考えていけたらと思っています。

まず、なぜ私が人権学習の話をしているのか？　ということですが、なぜ人権を学ぶのか、皆さんも考えたことはありますか？　あんまり考えないですか？　人権学習の時間、「なんかちょっと堅苦しい」と思う人もいますが、「何で人権を学ぶのか？」っていうことは、ちょっと深目に考えてほしいと思います。

私は、人権学習を四七歳のときに初めてきちんと学ぶことができました。それまでは「人権学習？　そんなこと分かってる」って思っていました。どういうふうに分かっているかというと、「人権学習は差別したらあかんっていう学習やろ？　私は差別しないし、別にそんなの学ぶ必要ないわ」って思っていたのです。

なぜ、私は差別しないと思っていたかというと、「私は差別される側の人間やから。差別される側の人間は差別される苦しさも知っているのに差別するわけない」と思っていたのです。自分は「分かってる」と思っている。だから勉強しなかったのです。

ちょっと話が逸れますが、この「分かってる」っていう言葉は結構怖い言葉です。皆さん使ったことはありますか？　例えばおうちの人に何か声をかけられたとき、「もう、分かってるわ！」とか言いませんか？　私はよくこの「分かってるわ！」を使っていました。今思えば、「分かってる」って言った時点で、もう誰も何も教えてくれないし、自分自身も「分かってる」って思った時点で、もうそれを学ぼうとしなくなります。ということは、この「分かってる」っていう言葉を使ったときに、その部分の自分の成長を止めることになる、っていうことが今は分かるようになりました。

今は、学習していけばいくほど分からないことが出てきて、常にいろいろなことを学ぼうという考え方になっていますけれど、若いときは「分かってる、分かってる！」って言いながら、自分の成長を止めてきたんやな、って思っています。

話を戻します。私は人権学習を学んでいくうちに、「人権学習は幸せの学習」だと気づきました。幸せになるにはどういうふうにしたらいいのか。自分が自分として幸せになるためには、人が人として幸せになるためには、そして、私もみんなも幸せになるためには、どんなふうにして生きたらいいのか、そういうことを教えてくれるのが人権学習やと分かりました。だから人権学習は、幸せを作るとか、幸せに気づくとか、どういう方法をとればみんなが幸せになっていけるのか？ その考え方と行動の仕方を学ぶためにあると思っています。

誰もが人として幸せに生きるために必要な学び、それが人権学習なのだということが分かりました。

●人の可能性を奪わない考えと行動

「人権学習は幸せの学習」だと分かる過程のことですが、四七歳で人権学習を初めてきちんと受けました。きちんと学んでいくと、自分は分かっていない、ということが分かったので学習を続けました。そうすると学んでいく中で、自分の中に入っているたくさんの差別とか偏見の考えが見えてきたんです。今まで何も考えずに、実はいろいろなことを見ないふりをして生きてきたんやと思いました。学習していく中で、本に書いてあることや講演で聞いたことなど、そういえば私もあのときあんなことがあったな、こんなことがあったなって、自分の中にあるものが掘り起こされていくんですね。

よく歴史を学ぼうと言われますけど、なぜ歴史を学ぶのかっていうと、昔のことを学んで、その中で良かったことはどんどん続けていったらいいし、その中であんまりよくないと思ったことは改善していく。そのために歴史を学んでいくわけです。人権学習も自分自身の振り返りというか、自分自身の歴史をもう一度見直していくものだと思います。

自分の中にどのような考えが入っているのかを自分に学ぶというか、自分を振り返って自分の考えや行動を見直してみることで、だんだんと自分の中にある偏見とか差別の考えを見つけることができるようになってきました。

例えば、一回目の結婚では辛い体験をしましたが、なかなか離婚に踏み切れませんでした。なぜ踏み切れなかったかというと、そのとき子どもがひとり生まれて、私は自分の子を父親のいない中で育てるのが嫌だったんです。なぜそんなふうに思ったかというと、当時の私の中に母子家庭に対する偏見があったから、だから離婚に踏み切れなかったんです。

子どものために、この子のために、って思っているつもりでしたが、きちんと考えたらそうではなかった。私の中の母子家庭に対する偏見が、その一歩を踏み出させない、その一歩を奪っていたんです。差別や偏見の考えは、何かをしようとする、その一歩を踏み出させない。その一歩を奪う。

そういうものだということが、今は分かるようになりました。

差別の考えは本当に動きを取れなくしていきます。自分を振り返る中でこんなふうに見つかるわけですよね。自分の中に偏見の考えを見つけたので、今はその考えを使わない行動ができます。人権学習は、そういうふうに自分を改善していけるっていうことですね。

そして、見つけ改善をくり返していくうちにだんだん、「自分は自分として生きたらよい」と考えられるようになっていきました。そうすると少しずつですが、自分で考えた自分の言葉を発するようになっていったように思います。

誰かが言った言葉をそのまま言うのではなくて、「あの人も言うてる、この人も言うてる、みんな言うてる」っていう言葉もだんだんと使わなくなっていきました。何かを聞いたときには、私の考えていることをどういうふうに発すればいいのか。そういうことを考えるようになっていきました。人権学習を深めていくことで、その考えと行動の仕方が少しずつですけど身についていったと思います。

そうすると、今度はだんだん周りが見えるようになってきたんです。今までもずっと周りに人はいるんですよ。いるんですけど、その人たちは景色と一緒なんです。こういう壁とか机と人が同じなんですよ。だって関わらないから。これも学習してから分かったことですが、これほどの人権侵害っていうか、ひどい考え方はないと思います。だって目の前に生きている人がいるのに、その人たちのことを景色と思っているんですよ。関わらないから、別に知ろうともしないから、ただの景色なんです。

これもひどい考え方と分かったので、だんだん声をかけるようになっていきました。そうすると、やっぱり声をかけるとその人も話をしてくれるし、そうしたらその人と意見を交わしていける、そして自分の中にはない考え方を教えてもらえるんです。この人と話をするとまたこの人の視点で考えたことを教えてもらえる。そうして自分もいろんな考え方ができるようになっていく。これが「関わる」っていうことやと実感しました。

自分の中にいろいろな視点が入っていると、一つのものを見たときに、いろんな視点で物事を考えていけるようになります。さまざまな人、もの、事との出会いに関わっていく。そうすると、いろいろな考えができて、自分を含めたいろんな人の可能性を奪わないような、その人の踏み出す一歩を奪わない、そういう考え方と行動が少しずつできるようになってきたように思います。まだまだ過程ですけれども。人権学習は、そういう生き方を教えてくれるというか、身につけてくれると思うようになっていきました。

●「どんなに頑張ってもあかんねや」

さて、次の話に入ります。私はいろいろな活動をしていますが、その活動のきっかけはこの言葉です。「どんなに頑張ってもあかんねや」。この言葉は、まだたった一五歳の子が言った言葉なんです。「どんなに頑張ってもあかんねや」。悲しい言葉です。「どんなに頑張ってもあかん」って思いながら勉強頑張ろう！　って、思えないですよ。「どんなに頑張ってもあかん」と思いながら仕事頑張ろうって、思えないですよ。だってどんなに頑張ってもあかんのやもん。この「どんなに頑張ってもあかんねや」という言葉は自分の人生を捨てる言葉なんです。その言葉をたった一五歳の子が言わなければならなかった。こんな社会でいいのか！　って、そういうふうに思ったのがきっかけです。

この背景を少し話します。息子が中学に入るのと同時に私もPTA役員になります。この写真は閉校の三年前のものですが、当時は授業も落ち着いた感じで、地域と学校もより良い学校作りをしていこうと動いていました。ここに私の息子が入学して、その前に卒業した生徒が高校に入学するわけです。

高校は皆さん、経験されている方も多いと思いますけれど、中学校以上にたくさんの学校の生徒が一緒になるわけです。入学した生徒は同じクラスになったらこんな話をします。「どこから来てるの？　どこの中学校？」とか、そういう話題になります。わが校の卒業生もそう聞かれたので自分の中学校を言いました。

そしたらこういうふうに言われました。「その中学ってガラの悪い、あのアホばっかりの部落の学校やんけ」。部落差別の言葉です。どこどこの地域に生まれた子らが通う学校やからアホばっかりや。どこどこの出身の子たちが通う学校やからガラの悪い学校やって、そういうふうに言うわけです。部落差別の言葉ですよね。そういうふうに言われた子はとても傷ついて、ひとことふたこと言い返したみたいやけど、やっぱりあまりにもがっくりしすぎて、それで中学校の玄関のところでポツンと座っていました。

その姿を在校生が見て、「先輩どうしたんですか?」と。そしたら先輩が「こんなことがあってな」ってこの話をします。それを聞いたときに在校生が言ったのが、「僕らがどんなに頑張ってもあかんねや」っていう言葉です。「この中学校で学校を良くしていこう、地域と一緒に良くなっていこう。そうやって一生懸命やっても、一歩この中学を出たらこんなもんや。こんなふうに言われるんや。どうせ僕らは認めてもらえへん。どんなに頑張ってもあかんねや」って、一五歳の子が言うわけです。それを聞いてすごく悲しかった。でも実は、この「どんなに頑張ってもあかん」という言葉は私の中にもあったんです。


私は部落差別も経験してきましたけれど、人権学習をするまでは、「部落、部落って口に出すから、いつまでも差別がなくならへんのや」と思っていました。私自身も差別を受けてしんどかったんですけど、言葉に出さずに我慢していたら、いつの間にか知らん間に差別はなくなっていく、時がたてばいつの間にかなくなる。そういうふうに思っていたんですね。人権学習を受けて、これが「寝た子を起こすな」っていう考え方やと分かるわけなんですけど、私はその考え方で長く生きてきました。

声に出さなかったらいつのまにか差別はなくなると思って、ずっと口に出さずに我慢してきたのに、今、この子らがまだ同じような悲しみの中にいる。

「差別、全然なくなってへんやん！」

ずっと我慢してきた、私の我慢はいったい何？　って、思いました。それで、きちんと学習を受けて初めて「黙ってたらあかん。嫌なことは嫌。差別されたくない。差別しないでほしい」って、きちんと声に出さなあかんかったと、やっとそういうふうに考えられるようになってきました。だからだまっていないで、「実際にこういうことが起こっているよ。ああいうことが起こっているよ。皆さんどう思いますか？　これってよくないよね？」って、きちんと声に出していこうって思えたわけです。なぜそう思えたかって言ったら人権学習をしたからです。

そして、この悲しみの中にいたこの子たちはどうなったかというと、先生方が人権に基づいた学習と、「一〇〇％生徒を愛する」を合言葉に徹底的に生徒に関わってくださいました。もちろんそれまでも我が校の先生方は生徒に関わっているのですが、それ以上に、全員担任制みたいな形で生徒に本当に近い距離で関わってくださったのです。

それで、生徒たちの「どんなに頑張ってもあかんねや」っていう言葉が、「日本一の学校にしたい。日本一の学校から後輩を送り出していく。そのために僕たちは動いていく」と変わりました。自分が声を出していく。自分の言葉で発信していく。自分たちの今の姿をどんどん周りに発信する取組が動き始めました。

メディアの方々にも協力を得て、学校の取り組みを発信していくようにしていきました。その中で生徒たちはどんどん頭をもたげて生き生きしてくるわけです。

●ＰＴＡ同和問題学習会

生徒たちの姿に背中を押されるように私たち保護者もＰＴＡ同和問題学習会を立ち上げて、このとき起こった部落差別について学習していきます。学習してきちんと分かっていったら、だんだんと自分の中にある差別の考え方から解放されていく、っていうことが分かってきました。自分の中にある差別の考え方を見つけて、それを改善していくことで、どんどん生き方が楽になるというか、もっと自由に考えられるようになっていったと思います。

このＰＴＡ同和問題学習会では統合する中学五校の保護者と一緒に勉強していくんですが、地域の外のある保護者がこんなことを教えてくれました。「藤尾さん、この前新聞に中学生が事件を起こしたという記事があったやん。うちのおじいさんがその記事を読んで、この中学はぜったいあそこや。あそこやったらやりかねへんって言うんや」と。それで、その保護者が正直に言ってくれたのが、「今までは私もそうやな、って思ってた。それで、おじいさんと一緒にほんまやな、あそこやったらやりかねへんな。って、今までは一緒になって言ってたんやけど、学習してそういう考えが差別やっていうことが分かったから、おじいさんに、それ、中学の名前が書いてあるか？　書いてないやろ？　勝手にそんなこと決めつけんたらあかん。その中学もえらい迷惑や。って、言えたんや」って教えてくれたんです。これって大きいことですよ。

この差別発言を、人を傷つけるその言葉を、目の前で止めることができた。「それっておかしいんと違うか？」って言うことができた。そうすることによって差別の拡散を防げたわけですよ。ひとりが言い出したことをもうひとりが同調して「そうや、そうや」って言い出したら、初めのひとりは確信を持って他の人にも自信を持って流していくわけですよ。

ネットの中でも同じことが起こっていると思います。ネットで皆さんが見て、きちんと調べもしないで「いいね」をしたり、間違った情報でも「そうなのですか。教えてくれてありがとう」ってコメントを書くことによって間違った情報が拡散されていく。でも、その情報は間違っていると分かっていれば、少なくとも自分の所で止めることができるわけです。でも、その情報が間違っていると分かるためには、やっぱり学習が必要なんですよね。自分が止めることができる力を持つというのは大きなことだと思います。

私たちがPTA同和問題会で学んで分かったことは、「知らない、知ろうとしない。関わらない、関わろうとしない。教えない、教えようとしない」。「しない、しない」って書いてあるから何もしていないわけではなくて、それは、「差別や偏見の考えを残す行動を起こしている」のと同じということです。

差別というのは理由があるわけじゃなくて、勝手に理由を作って、どんどん差別の考えを生み出していくわけです。こうして常に生み出されている差別の考えは、何もしなかったら、生み出されたものはどんどん増えていきます。それは間違いだよって指摘することによって、生み出されたものを抑えることができます。そのことを頭の中に入れておく必要があると思います。

昔の私は「何もしないほうがいい」って思っていましたが、それが実は「子どもたちの未来の可能性を奪っていた」っていうことに気がつきました。子どもたちが自分の可能性を広げようとしているのに、その踏み出す一歩を奪ってきた。そういうことに気がついていくわけですね。それに気づいてしまったので、これからはきちんと学んだことを皆さんに伝えていこうと思ったわけです。

●ふるさとのこと

さて私の話に入っていきますが、私のふるさとは現在、地域のど真ん中に、京都市立芸術大学や京都市立美術工芸高等学校が移転して開校しています。本日、地域のお店マップを配布しましたので、そのマップを持って地域の中でランチなどを食べていただけたら嬉しいです。

この写真は一九七五年頃の地域のもので、私が若いときはこんな感じでした。たくさん家がありますが、ほとんどが個人商店です。学生に人権学習をするときにこの写真を使うのですが、これを見てある学生が「いっぱいお店があっていいですね」って言いました。確かにお菓子屋さんもあるし、パン屋もあるし、自転車屋、文房具屋、酒屋、米屋、クリーニング屋など何でもあります。ひとつの地域がまるで百貨店みたいで、地域から出なくても生活できるぐらいの個人商店がありました。

ただ、なぜこんなに個人商店がたくさんできているのかを考えて欲しいです。始めの方に言いましたが、「この姿は、なぜこのようになっているのかその背景を考える」っていうことです。それは、この時代はまだ地域の外へ出て就職することが厳しい時代だったからです。私の小さいときだけじゃないです。今でも厳しいものがあります。外に働き口がない、働きに行っても、ほとんどが日雇い労働です。何も便利なわけじゃなくって、就職差別が厳しかったので、自分たちで商売をするしかなかった。そういう時代であったということを知っておいてほしいと思います。

●父のこと

私の人生の話に入っていきます。この写真は父親と母親と大きいお姉ちゃんと小さいお姉ちゃんで、母親に抱かれているのが私です。私はまだ一歳半ぐらいです。家族写真はこれ一枚しかないです。なぜかと言うと、母親が何にも良い思い出がないと言って写真を全部捨ててしまったからです。写真って、もう遡って撮ることはできないですよね。一九二六年、おおかた一〇〇年前に生まれて、母親のころは部落差別の厳しい時代で、写真を見ているだけで辛かったのだと思います。母親には、「まちの人は怖い。まちの人と喋ったらあかん」ってよく言われました。

同じように地域の外では、「部落は怖い。あの辺に行くな。あの辺の奴らと喋るな」、そういう言葉がたくさんあった時代です。今、その考えは明らかに間違っていると分かっていますが、それが間違いだと分からなかった時代のことです。でも、今でもまだそんな考えで生きている人もいるかも知れないですが。

ここでは父親の話をします。父親は小学校にほとんど行っていないので、字がほとんど書けません。そんな生き方をしてきたんですけれど、私はそれに気がつかなかったんです。日雇いの土方仕事で一生懸命働いて、あるときから、水道の配管の仕事を覚えていきます。水道の管をつないで水を通していく、そういう仕事ですね。とても腕がよかったみたいで、多分ものすごく練習したと思います。それまでは穴を掘ったり砂利を運んだりという仕事でしたけど、配管の仕事を覚えてから少しずつ、「次の現場は配管で来てほしい」って言われるようになります。次の現場に行ったら、とても腕がいいということで他のところからも「わしの現場も来てくれ」「こっちの現場も来てくれ」って言われて仕事がどんどん増えていきました。

父親は、ものすごく喜んだと思います。なぜ喜んだって分かるかというたら、あるとき、家に帰ったら電話があったんです。今は携帯電話があるので、皆さん、電話なんか当たり前にあると思うかもしれませんが、六〇年前はまだ個人の家に電話を引くというのは結構お金のかかることで大変やったんです。でも私の家に電話が来ました。

私は小さいお姉ちゃんと年齢が近いからよく一緒にいるんですけど、あるとき小学校から帰ってきたら電話がありました。「電話や、電話や」って私たち子どもは大喜びです。電話の横では父親がどや顔で子どもの喜ぶ顔を見ていました。「電話や！　電話や！」って喜んでいて、ふと見たらその電話の横に大きいカレンダーが貼ってあるんです。そこに「すいろう」って書いてありました。いくつも仕事があったんでしょう。「すいろう」「すいろう」って書いてありました。

私らは学校に行かせてもらっているから、それを見て、それが水道の仕事のことって分かるわけです。それで、父親にこう言いました。「すいろう？　アホちゃう？　水道の仕事やったら、とに点々や。そんなこともわからんのか。アホちゃうか」って言うんです。私もお姉ちゃんも学校に入れてもらってひらがなを知っているから。自分の知っている字を他の人が知らなかったら、「アホちゃうか」って馬鹿にするんです。

自分ができることを他の人ができなかったら、「こんなこともできひんのか。アホちゃんうか」って馬鹿にする。そういうひどい行動をしていても何にも思ってなかったです。とにかく父親が字を書けないことを「アホや、アホや」って、私は結構大きくなるまで字を書けない人を馬鹿にしてきました。

この世の中には、字を書きたくても書けない人がいる。学校に行きたくても行けなかった人がいる。私たちはその人たちと同じ時代を生きている。その人たちと一緒に暮らしているということがわかってくるのは、もっともっと大きくなってからです。

私もだいぶ大きくなってからですが、ある日、父親を見たらものすごく痩せているんです。おかしいなと思って、「病院行きや」って言ったんですよ。返事はするのですが、行ってる感じがないんです。どんどん痩せていくのでおかしいなと思って、お姉ちゃんと一緒に病院に連れて行きました。そうしたらもう末期の癌ですぐに死んでしまいました。私はそのときも父親に向かって「アホやな」って思いました。あんなに病院行きやって言ってたのに、「病院行かんとアホや」と思っていました。

人権学習をして、自分の生き方を振り返って、初めて自分が何をしたのかに気づきます。私のしたことはこういうことです。「ヘイト・偏見のピラミッド」というものがあります。私のしたことは、できないことや字が書けないことを馬鹿にすることです。「こんなん書けへんのアホちゃうか」っ

＊父のこと

私がしたこと
➡できない人をあざける
バカにする　軽蔑して笑う
↓
病気になったら病院に行く
当たり前の生活を奪った
↓
長い時間をかけて
人の命を奪う

ヘイト・偏見のピラミッド

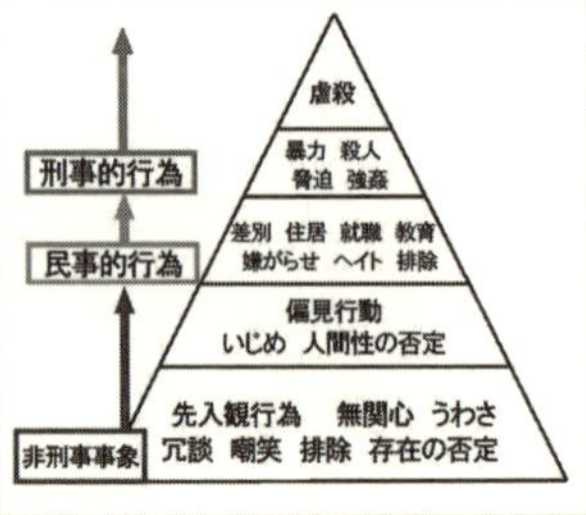

知らない　➡　人に残酷なことをさせる
知ろうとしない　➡　残酷なことをしている自分に気づけない

て嘲り笑う、それは人間性の否定でもあります。「こんなこともできひんのか、アホちゃうか、アホちゃうか」って、何回も何回も言ってきました。

でも、こんなひどいことをしても警察に捕まりませんよ。相手に嫌なこと言ったり相手を傷つけることを言って、さんざんひどいことをして、最後にこう言います。「冗談や、冗談や」「そんな落ち込まんでもええやん。そんなつもりで言ったのと違うやん」「気にしすぎと違うか」って。「冗談や」って言うたら許されるのでしょうか？　そうではないですよね。

そのときは気がつかなかったけれど、結局私は父親から病院に行くという生活を奪ってしまいました。

今の病院は一回目にカードを作ってもらったら後はもうカードを出すだけですが、その当時の病院は、行ったら「はい、住所と名前書いてください」って言われる。次の所に行ったらまた住所と名前書いてと言われる。父親は自分の名前は書けます。でも住所が漢字で書けないのです。自分の住んでいる場所なのに書けない…。私はこれに気がつかなかった。たぶん、父親は字が書けないことを、こんな小さい私に馬鹿にされて、今度は病院で大人に馬鹿にされると思ったのか、それで行くのを嫌がったのだと思います。

文字が書けないことを馬鹿にすることはできても、文字が書けないことでその人がどんなに困った生活をしているのか、そういうことが考えられませんでした。そういうことに気がつかないことによって、私は、「病気になったら病院に行く」っていう当たり前の生活を父親から奪ってしまって、結局私は、長い時間をかけて父親の命を奪うということになってしまったわけです。

自分が何をしているのか、ということに気がつかないのは辛いことです。知らないということは人に残酷なことをさせます。知ろうとしないということは、そんな残酷なことをしている自分に気がつかないっていうことです。これは辛いことです。その当時はそんなことをしていると思わなかったけど、今、きちんと人権の学習をして、自分が何をしたか、自分がどんな生き方をしてきたかを考えたときに、初めて自分のしたことに気がつきます。本当にひどいことをしてきました。

文字が書けない、なぜ文字を書けなかったのか、なぜ学校に行けなかったのか。両親の場合は部落差別が起こす貧困が原因です。その当時は義務教育でも教科書を買うのにお金がいりましたがそのお金もなかった。その後、運動団体の人たちが動いて「教科書を無償に」と、そういうことをしてくれましたけれど、父親のときはまだそうじゃなかった。貧困の中で学校に行くお金がなかったとかいろいろな原因があって、文字を書けないっていうことになってしまったんですね。

その人がなぜ、今、その姿になっているのか、そして、私はなぜ、それを馬鹿にしてしまうのか。

それはやっぱりきちんと知らないからですね。人を馬鹿にする、それを何回も何回も使っていく中で身についてしまって、いつのまにか、「何かできない人を馬鹿にする」っていう考えが当たり前になっていました。やっぱり、きちんと知ってきちんと考えられるようにならないといけないですね。

●私のこと

父親、母親にひどいことばかりしてきた私ですけれど、両親は私のことをとても可愛がって大切に育ててくれました。

次に、もしかしたらあのときに私の中に自分の地域を差別する考えが入ってしまったのかな、と思うことがあるのでお話しします。

中学校一年生のときのことです。中学になると、私たちの小学校と地域の外の小学校二校が一緒になります。地域内外の子が一緒になったからといって、子ども同士の間では何か差別事象が起こったということは無かったように思います。ただ、今考えると、それを差別と捉える力がなかったので気づかなかったというふうに思います。

あるときの夏休みに地域の外の子が三人、私の家に遊びに来てくれることになりました。地域の外の子が来てくれるっていうので、その日の朝、母親がテーブルの上にお金をいっぱい置いて「これで何でも買って食べや!」って言って仕事に行きました。私は、そのお金で当時は高級品やったわらび餅を買ってみんなに出しました。ジュースも普段私たちが飲んでいる粉末のジュースじゃなくて、高級な瓶のジュースを出しました。

　みんなでおいしい、おいしいって言って食べていたのですが、ふっと見たら地域の外から来たひとりの子が何も食べないんです。みんながその子に「美味しいから食べ」って言うんですが、その子は「いらん」って言って食べない。それで自分のを私たちにくれるんです。それで、私もすごく喜んで、その子に何度もお礼を言って食べました。

　そんな中で、私の地域の中に市場が出るので楽しいから一緒に行こうと思ってその市場の話をしたんです。そしたら、地域の外から来たその何も食べなかった子が、「それ知ってる」って言うんです。一緒に来た子らが、「〇〇ちゃん、さっきこの辺来るの、初めてて言うてたのに、なんで知ってるの？」って言うんですが、その子は「知ってる」って言うのです。そして、その子はこう言いました。「それ、泥棒市場って言うんやで。そこにお店出してる人は、みんな泥棒やで。それ全部盗んできたもんやで」って、言うんです。そこにお店出してる人って、普段から私に声をかけてくれる地域のおっちゃんやおばちゃんですよ。それをその子は「その人らはみんな泥棒や」って言うんです。

　ものすごくびっくりしました。でも、びっくりするんですけれど、私はその子の言葉を信じてしまうんです。「え？　あの人らって泥棒？　あれって盗ってきたもの出してたん？」って信じてしまうんです。それから私は、地域の人と顔を合わしても、声をかけてくれても聞こえへんふりしたり知らん顔したりするんです。こうして自分の中に自分の地域を差別する考えが入ってしまったように思います。知識がないっていうのはこういうことです。

初めて出会った情報、それをそのまま信じてしまうんです。でも、何でこんなこと信じてしまったんやろ？　って、それをずっと考えていて、自分を振り返る中であるときふと思い出しました。「その人らみんな泥棒やで」と言った子、すごい頭の賢い子やったんです。頭の賢い子が言うことやから信じたんかなって思います。

母親もお金をいっぱい置いていってくれたのは、前の日に私が「明日どこどこの子が家に来てくれるねん。すごい賢い子が来てくれるねんで」って、母親に言うたからだと思います。子ども心に賢い子が自分の家に来てくれるのが嬉しかったと思います。たぶん、母親にものすごくはずんだ声で言ったのでしょう。それで母親も自分の子どもが恥をかかないようにと思ってお金をいっぱい置いていってくれたんですよ。でも、そういうふうに親がお金を置いていってくれたのに、結局その日、私の中には自分の地域を差別する考えが入ってしまって、残念ことになってしまったと今でも思います。

それからは何となく自分の出身を言いたくなくなっていくんです。高校に行ったときには、もう言いたくない感じでした。聞かれたら、ちょっとトイレとか言って話をはぐらかしたりしていました。せっかく同和施策の奨学金を出してもらって高校に行けたのに、そんなことで高校は居づらい感じになってしまっていました。大学も行きたかったけど、学校に行くお金もないことも分かっていましたし、初めから受けませんでした。

●就職差別

就職して初めて社会に出て部落差別を受けます。就職は自分の地域の近くのデパートにしたんですけど、社員にはレジ当番があって、レジのお金が合わないときに、私に調べろ、って言う人がいました。他の売り場の人でしたが一応上司やから調べますけど、私が当番じゃないから心当たりはないわけです。お金が合わないと私に調べろ、っていうので、同僚もおかしいなと思ってその人に聞いてくれたんです。そうしたらその人が言うには、「あいつはあそこのもんやから、何しよるか分からへんのや」って、それが答えやったということです。あそこの出身やから金盗ったかも知れないっていうことです。何が嫌かって言うたら、お金が合わないときにレジを閉めて出納に持っていくときの名前が私の名前になるんです。まるで私がお金を盗ったみたいじゃないですか。それがすごく嫌で仕事を辞めてしまいました。

でも、人権学習で振り返りをしたときに思ったのは、何であのとき、仕事を辞めたのかなということです。差別されたからと思っていたけど、それよりも、たくさんの社員がいる中で、そういう嫌なことを言う人はその人たったひとりだけなんです。そのたったひとりの言葉を、私も含めてですけど、誰も止めてくれなかった。なんかそれがすごく孤独で、それで辞めたように思います。もしかしたらあのときに、「なんてひどいこと言うんですか」とか、「そんなことをさせないでください」と自分とか、周りの人が言うことができていたら辞めへんかったんと違うかな、って今でも思います。

部落問題の中で就職差別がありますけれど、昔は就職するときに、どこどこの地域やからという理由で雇わなかったり、初めから排除したり、そういうことが起こっていたと聞きます。でも就職した後も職場の中で、きちんとした知識がない人や学習していない人がいると、やっぱり嫌な目に遭って居辛くなりますよね。だから社員教育っていうのはすごく大事なことやと思います。

そういうふうにして仕事を辞めて、しばらく引きこもりになって、それでも友達が支えてくれて、少しずつですが外に出られるようになります。そしてそのあとは地域の外へ出て、自分のことを誰も知らない人のところで生活をしていくんです。そして次は自分の地域から遠く離れたデパートに、今度はアルバイトで入ります。もう社員にはなれません。私もいつのまにか日銭を稼ぐ仕事になっていました。新しいアルバイト先ではもう自分の出身は言いませんでした。

●結婚差別

三〇歳のときに、一五年付き合った彼と別れます。もちろん結婚したかったんですけれど、私の出身のことで結婚できませんでした。先方の親に理解してもらおうと思って待つのですが、一五年待っても変わりません。それは何も働きかけないので変わりませんよ。本当は、もっと人権の学習をしていたら、もっといろいろな言葉で説得できたと思いますが、初めに言ったように、当時の私は「時間が経てば、そのうち勝手に差別はなくなる」と思っていたので、何もしないまま終わってしまいました。

「部落差別はもう無い」と言う人もいますが、今でもあります。最近でも、友人の子どもさんが同じ目にあいました。もう部落差別がなくなったわけじゃないです。見ようとしないから見えないだけで、実際にはまだまだ起こっています。

何もできないまま、彼は別の人と結婚していきます。その後、もう何も無くなった気持ちになったのか、真面目に働いてきたけれど「もう、どんなに頑張ってもあかん」と思ったのでしょうね。私は自分の命を殺めるということをしてしまいます。寸前のところで助かりましたけれど、その後は生きているけど息してるだけ、みたいな生き方でした。その数年後にこんな私でも結婚したいという人が出てきて、その人は理解があると思って結婚しましたが、一緒になると理解がないと分かって結婚生活を終えます。

●きちんと知ること

そうして、自分から出て行った自分のふるさとに帰ってきます。あんなに自分の地域にひどいことを考えていたけど、地域の人たちは優しい声をかけてくれ、息子も地域の人が一緒になって育ててくれました。今は、その恩返しをしたいと思って地域で動いているわけですけれど、人権の学習をしていない、知識が無いうちは上手に動けていませんでした。私がきちんと人権の学習をして少しずつですが動けるようになるのは、初めに言いましたように、息子が中学に入ってからです。中学に入って差別事象が起こって、子どもたちの泣く姿を見て初めて、ほんまに勉強せなあかんと思って学習してからです。

そして、私は差別されることが怖くてそういうことを考えることからも逃げてきたけれど、私が逃げている間に時代は流れていて、いつのまにか人権をきちんと考えようという時代になっていました。一九歳のときからずっと逃げて自分自身を置き去りにした生き方をしてきましたけれど、時代はもう、「みんな、人権のことをきちんと考えよう。これからの子どもたちのために考えていこう」って、そういうことを言う人がいる時代になっていたということがやっと分かりました。

こうやってＰＴＡで同和問題を一緒に学習してくれる仲間がいてくれたおかげで、ひとりではできなかった部落問題の学習をきちんとすることができました。

「知ることは自分の道が見えること」

「未来の道が開けていくこと」

それがはっきりと分かりました。そして、自分の道だけを開いていくのではなくて、自分が今まで分からないままにひどいことをしてきたけど、そういう生き方ではなくて、他の人の未来も広げていく生き方をしていこうと思えるようになっていきました。

全然知識がない子どものときに自分の地域を差別する情報が入って、それが地域の人を差別する、地域に生まれた自分を差別するというように、自分の身体が大きくなるのと一緒にその差別の考えもどんどん大きくなっていきました。何の学習もしなかった私は改善する力をもたないままに、このヘイトのピラミッドをどんどん上がっていって、結局は自分で自分の命を殺めてしまうということになってしまいました。それはきちんと知ろうとしなかったから、学ぶことから逃げて、分かろうとしなかったから、そういうことをしてしまったんだということが、今は分かるようになれました。しんどいことや辛いことを外に出す人は他の人を殺めてしまうかも知れません。しんどいことや辛いことを外に出せない人は自分自身を殺めてしまうかも知れません。そういうふうにならないように、なぜしんどいのか、なぜ自分は、今しんどいという姿になっているのか、自分自身を振り返って考えてみる。そういうことで解決の道が見えてくることがあると思います。

自分の中に何が入っているのか、自分の中にいったいどんな情報が入ってしまっているのか。私たちは自分が意識する、しないに関わらずいろいろな情報を吸収しています。正しいことも間違っていることも、吸収して身体に入れています。

昔の私は「この地域に生まれた私が悪い」、そう思っていたんです。「その地域に生まれたから差別される」と思っていたんです。これは大きな間違いです。差別する人はこう言います。「あそこのやつ」とか、「あなたがそこの生まれと違ったら」とか。その地域に生まれた人が悪いのでしょうか？　違いますよね。差別があかんて言うならば、どんな差別もあかんのですよ。

初めに間違った考えが入ってしまっていた私は、間違った考えをなおすまでに長い時間がかかりました。皆さんが何かを考えるときに、何を一番の基準に考えますか？　この人と結婚しようと思ったときには、「その人が好きだから」を一番に考えてほしいです。きちんと学習して何を重要と考えるかを学んでほしいと思います。

●人間の強さを信じて

時間がきてしまいましたので、最後に私の紹介のときに触れていただいたことを少しだけお話しします。万華鏡の体験型人権学習。これは主に小学校・中学校で展開しています。ここでは、万華鏡作りを通して「心地よいつながり」を体験しながら、幸せって何かを考えます。そうして自分がどのように生きていくのかを考えます。

差別とか偏見の考えは心地よいつながりを断ち切ってしまうのですね。そういうことにならないようにどのように考えたら良いのか、どのような行動をしたら良いのかを、万華鏡の映像なども見ながら楽しく考えていきます。自分を見つめて自分を振り返り考えることで、自分ときちんとつながること。その体験が自分自身を助けることができると考えています。

昔の私は、被差別の地域に生まれた私が悪いという考えの中で、自分が自分ときちんとつながっていなかったと思うのです。自分の出身も言わない、言えない。そういうふうに自分を置き去りにした生き方をしてきたと思います。今は誰にもそういう生き方をして欲しくないと思って、いろいろなところでこういう話をするわけです。

これに気づいたのは、東日本大震災の被災地で活動していたときです。二〇一一年の三月に大震災が起こりました。私は仲間と一緒にその六月から現地に入って活動をしていきました。

津波で、家も全部なくなってしまう。お身内も亡くされる。地元の人とそういう中でずっと一緒に活動をしていると、そういう困難の中でもだんだんと頭をもたげる人がいるんです。もう一回頑張ってみようと思う人たちの姿を見て、「人間は強い」と思いました。その姿を見て、私も自分の生まれた地域にきちんと足をつけて頑張ってみようと思えるようになりました。

東日本大震災では大きな津波が来てすべてをさらっていきました。私たちも部落差別という目に見えない津波に何回もさらわれて、頑張ってもさらわれ、頑張ってもまた差別や偏見の津波にさらわれ、そうしてだんだん生きる力を奪われていったように思います。

でも人間の強さを信じて、もう一回地域を、人々の心を再生していこうと考えました。そのようなことで活動を始めていきました。

●これからの歴史は私たちがつくる

もう時間になりましたので、私が始めた活動の写真だけ見ていただきます。こういうふうに今、地域の人や学生といろいろな活動をしています。自分の生きる場所は自分で作っていく。生きる場所をどんどんどんどん活性化する。みんなが元気に力強く生きられるような、そういう生き方をみんなで作っていきたいと思っています。

ひとりひとりの学びを生かした発信がこれからの社会を作っていきます。そういうふうに、これからの歴史は作られていきます。皆さんおひとりおひとりが、どういう発信をしていくかを考えながら、これからの人生を生きてほしいと思います。これで私の話を終わらせていただきます。ご清聴ありがとうございました。

＊もう少し詳しく知りたい方は下記を検索してみてください。

藤尾まさよ「～残りつづける差別を断ち切るためにはどうすればよいか?～」第54回人権交流京都市研究集会第1分科会　部落と人権　基調講演（二〇二三年二月二五日）http://www.kyoken.jp/54/houkoku54/1houkoku54.htm

滝田由凪・朝倉みなみ・永尾祐人・一丸野々香・後藤英治・小山浩暉「刃物となる言葉、平和を紡ぐ言葉──崇仁フィールドワーク」学校法人瓜生山学園京都芸術大学「瓜生通信」文芸表現学科（二〇二〇年七月三一日）https://uryu-tsushin.kyoto-art.ac.jp/detail/645

畑仲哲雄・藤田悟・中山和弘「「改良住宅」の暮らし──京都・崇仁地区の記憶と記録」龍谷大学人権問題研究委員会二〇一九年度研究プロジェクト報告書（二〇二〇年八月二五日）https://www.ryukoku.ac.jp/shukyo/committee/pdf/project2019.pdf

坂田良久「被差別のアイデンティティを越えて──ある女性のライフストーリー」兵庫教育大学大学院学校教育研究科　教育コミュニケーションコース二〇〇八（平成二〇）年度学位論文

（第37回花園大学人権週間・二〇二三年十二月五日）

メディアから考える「多様性」
新聞の伝え方、出来事にツッコもう！

石﨑立矢

●生涯の学びに「探究と対話」を

皆さん、こんにちは。石﨑と申します。一時間半、よろしくお願いいたします。メディアから考える「多様性」――新聞の伝え方、出来事にツッコもう！――というテーマでお話しします。後半、三〇分ほど「まわしよみ新聞」ワークをします。

情報を伝えるということは何なのか、人権の視点で考えてみよう、というのが、今日のテーマです。花園大学がすごいなと思うのは、この人権週間の取り組みを長年続けておられることです。事前にセンター報で紹介し、そして翌年には人権論集としてまとめる。これを継続をされている。長年の取り組みをしているということに本当に敬意を表したいと思いますし、きょうも学生の皆さんはもとより、いろんな世代の方、立場の方がいらっしゃっていることは、ありがたいことです。

私は新聞記者になって三一年になるのですけれども、学校に出向いたり、地域で年を取っても学び続けたいという人、あるいは企業でいろんなサービスや商品を考えるにあたって、また考えて作ったものを世の中に知らせる時に、どのように知らせていったらいいのかという広報も含めて、アドバイスをしたり、相談に乗ったり、一緒に考えるワークショップをしたり、そういう仕事もしています。

特に教育の分野で新聞の手法、編集の手法を使うＮＩＥ（Newspaper in Education、教育に新聞を）の仕事をしています。ＮＩＥには中善則先生（花園大学人権問題研究センター副所長、文学部教授）も深く関わっておられます。

その中先生から冒頭に過分な紹介をしていただきましたが、住まいの京都市上京区を中心にさまざまな地域活動もしています。深川光耀《ふかがわこうよう》先生（社会福祉学部准教授）のゼミの学生たちも関わっている「モバイル屋台」、これは気軽な対話の場をまちなかでつくっていく取り組みですが、その活動を始めたメンバーの一人でもあります。

今日取り組んでいただく「まわしよみ新聞」は、何人かで複数の新聞を囲んで、気になった記事について話し合うワークです。気になった記事を基に、ツッコミを入れる。「これおかしいやん」とか、「面白いな」「なんでやねん」「もっと深く知りたいな」「より突っ込んで知りたいな」ということをそれぞれ考えながら、可能であれば、お隣の人、周囲の人と話せるような時間をつくりたいと思っています。

勤務先での仕事のNIEについてお話しします。学校教育、社会教育、人生を通じての学びの中に「探究と対話」を生かしていきたい。生かすことができる道具が新聞だと考えています。今の学習指導要領では「探究」がキーワードになっている。情報を収集し、周りの人と共にそれを分析、吟味をして、自分たちの考えをまとめて発信していく、表現していく。これは新聞がやってきたことでもあります。新聞の伝え方そのものに対してのさまざまな見方、新しいメディアの存在もありますが、新聞は長年、そういう作り方をしてきたのです。

「対話」というキーワード。今の学校では「主体的、対話的で深い学び」が求められています。以前に比べて、話し合い、対話の時間がかなり増えています。グループで議論をして、話し合ってまとめていく。教育現場の変化は大きいので、自分が学んだ当時の経験だけで語ってはいけないな、と思うのですが、「対話」が教育現場でもキーワードになっている。それにも当然、新聞は生かせるんじゃないかと考えています。

先ほど、私が関わっている地域活動をいくつか紹介いただきました。地図を活用して知恵やアイデア、発見を共有する「上京ちず部」、認知症のご本人との関わりの中から、みんなが暮らしよい、住みよいまちのことを考える「チーム上京！」、持ち運べる屋台を作って公共の場へ出向き、体験を共有したり振舞ったりする「モバイル屋台」。また、「聞いて書く」ことを探究・実践する「きくかくラボ」や、今日後半に体験していただくような新聞ワークをしたりという、仕事の延長のようなことを地域活動の中でしています。

私が仕事でも個人的な地域活動でも大切にしたいと思っているのは、次のようなことです。地域で暮らしている人、活動しているごくごく普通の人々が、お互いの得意なことや困っていることをさりげなくわかり合っていて、なにか課題の解決だとか、楽しい取り組みに動き出そうとしたときに、できる範囲で、できる限りのサポートをし合える関係性を築いていきたい。そういうまちであったらいいいな。そのために、地域にどんな人がいるのか、どんな資源や課題があるのかを、地図とか情報拠点、人が集える場、ローカルメディアで一覧できて、ときにはその場に集うことによって必要な人や資源、情報を、必要なときにリアルタイムで手に入れて動き出せるまち。こういうまちだったらいいいな。これが私が地方新聞の記者を続けてきた、その頑張ろうと思えるエネルギーにもなっていますし、今言ったいくつかの取り組みにも共通することです。

京都府綾部市出身の塩見直紀さんが『塩見直紀の京都発コンセプト88　半農半Xから1人1研究所まで』（京都新聞出版センター）を出版しました。塩見さんは「半農半X」、半分は農業、あと半分は自分の得意な取り組みだとか、何か極めたいことを追求していこうということを二〇年ぐらい前から提唱している方ですが、今回の本の中で「一人一研究所社会を作りましょう。あなたなら何研究所を名乗りますか」という問いかけをしています。

出版に先立つイベントで、二〇二二年に私は塩見さんと対談したのですが、塩見さんは参加者全員に問いかけました。「あなたならどんなことを研究テーマにしますか？」と。皆さんはどうでしょうか？　自分は何の研究所を今しているのだろう。将来は何研究所になりたいな、とか。これは、趣味でも、お仕事でも、長い人生の生き方で、軸にもなることかなと思います。もちろん途中で変わってもいいことだと思うんですけれども。

私はそのときに、今名乗るなら「まちの気に掛け合い研究所」と答えました。それが仕事でも地域活動でも共通することなんじゃないかなと思っています。

昨日、この場所で講演をした藤尾まさよさんとは二〇二三年春に知り合ったばかりですが、すぐ一緒に始めた取り組みがあります。藤尾さんはすごくスピード感がある人、これだと思ったらすぐ動く人ですよね。素敵な人だなと思って、一緒に活動したのです。児童館の学童保育に通う小学生と一緒に、地域で子ども記者活動を始めました。

京都市立美術工芸高校、以前の銅駝美術工芸高校が移転してきました。京都市立芸術大学も移転してきました。街が大きく変わってきます。そういった変わるまちの、変わるようす、昔からの歴史の中で地域の人たちが築いてきたもの、残してきたもの、大切に持っているもの、そういったものを、子どもたちの目線で見て、発信しようと。藤尾さんたちは、学生も含めた大人の目線で発信していますが、子どもの目線も必要じゃないかということで動きました。藤尾さんは、正しい知識を持つこと、知ろうとする大切さということをキーワードに活動をしています。この「知る」ということについても、後のお話でしていきたいと思っています。

●社会参画と子ども記者活動

子ども新聞、子ども記者活動は、子どもが地域に参画する手法として、今注目されています。京都でも、いくつもの活動が生まれています。「かめおか子ども新聞」「ふしみ子ども新聞」「ほりかわこども新聞」など。京都市岩倉図書館も、夏休みのイベントとして、地元の川島織物セルコンの人たちを講師に取り組んだイベントのことを、子どもたちが新聞にして図書館にも掲示し、発信しました。

子どもの記者活動がなぜ社会参画、地域参画になるのか。ロジャー・ハートが二〇年以上前に、ユニセフの調査研究としてまとめたリポート『子どもの参画――コミュニティづくりと身近な環境ケアへの参画のための理論と実際』(萌文社)の中に、「参画のはしご」という図があります。地域の環境活動に子どもがどう関わっているのか、それは地域の中で子どもをどう扱っているのか、子どもがどういう役割を主体的に果たしているのかを分析したリポートです。

はしごの下の段から、「操り参画」「お飾り参画」「形だけの参画」。ここまでは実は非参画であり、参画というよりは、むしろ利用されているだけ、利用しているだけだと。むしろ、ここから上の「子どもは仕事を割り当てられるが、情報は与えられている」「子どもが大人から意見を求められ、情報を与えられる」「大人がしかけ、子どもと一緒に決定する」「子どもが主体的に取りかかり、子どもが指揮する」「子どもが主体的に取りかかり、大人と一緒に決定をしていく」。これが本当の参画

参画のはしご

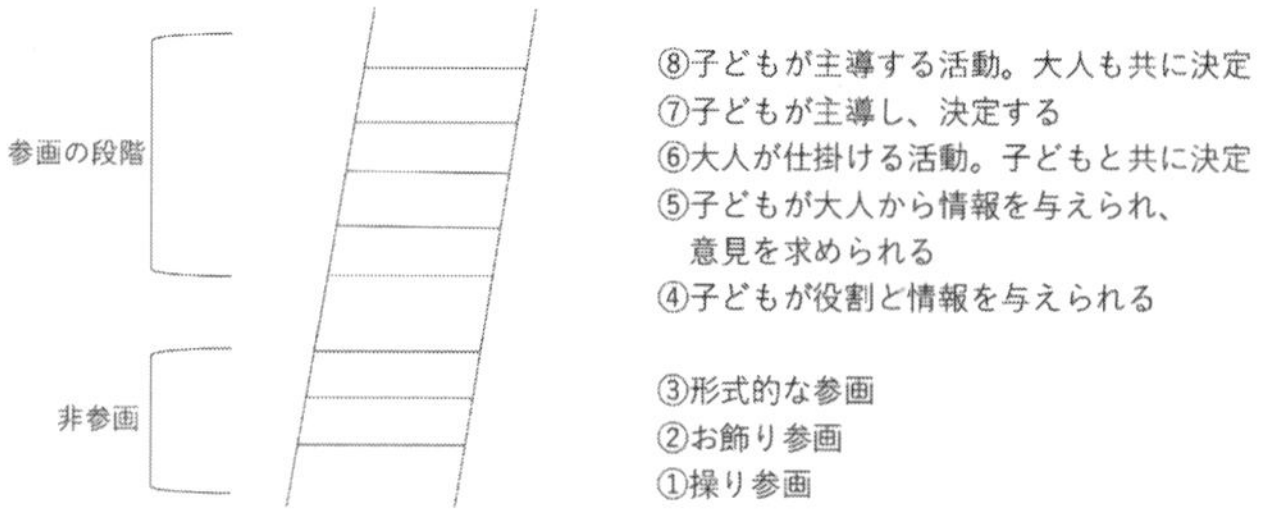

『子どもの参画』（ロジャー・ハート）を元に石崎作成

なんじゃないかと指摘しています。

子ども記者活動、子ども新聞の活動というのが、実はこのはしごのステップを一つ一つ上がっていく、重要な役割を果たし得る道具なのではないか、ということです。京都府南部で、一般社団法人「京都子ども記者クラブ」の代表理事を務める京都文教大学教授の橋本祥夫《はしもとよしお》さんがこの観点で語っていることから引用します。

子ども記者は取材を通じて課題発見能力を身につける。「自分ごと」として捉えて「何をすべきか」「何ができるか」を考え、行動に結びつける市民力をつける。「まち」に愛着を持つ。シティズンシップ（よりよい市民）となる力が身につく。地域の側は子どもの目線で取材を受けることによって、大人が気がつかなかったこと、当たり前だと思っていたことが当たり前ではないっていうことに気づかされることもある。子どもたちにわかりやすく伝えるために、自分たちの活動を見直す機会になる。課題も明確になる。このあたりが子ども記者が活動していく意味だと言っています。地域の取り組みも、堀川商店街や伏見区の子ども記者活動も、そういった視点で一歩一歩進んでいます。

私たち京都新聞も月二回、「ジュニアタイムズ」という子ども新聞を発行しています。募集した子ども記者が取材し、書いた記事を載せています。文章には、ほとんど手を加えていません。言葉の間違いとか事実関係の間違いは直してもらいますが、子どもたちが見つけた課題や取材対象の魅力はストレートに伝わるようにしています。そこに手を加えるというのは、先ほど言った「操り」につながっていくのではないかと思っています。

●「べき論」から脱しよう

昨日の藤尾さんの講演（本書前章参照）を受けて、「正しい知識を持つ」「知ろうとする」ことについて考えたいと思います。生きる上で、考えていく中で、役に立つ知識、知るということは何なのか。私たちはこう行動すべきではないか、こう表現すべきなんじゃないかという、「べき」で考える知識、生き方があると思います。「いや、なぜなんだろう?」「どのようにしたらいいんだろう?」と考える知識もあると思います。例えば、人権の問題でこういう表現が正しい、こういう表現はしてはいけない、しない方がいいだろう。それが、「べき」という決まりだけで伝わったとしたら、それは言葉を発しない、言葉狩りをする、言い換えをするというだけの知識にとどまってしまう。

なぜ、そういう出来事が起きてきたんだろうか? なぜそういう立場に置かれてきたんだろうか? なぜ困らざるを得ないのか? 怪我をしただけ、どこかに不具合があるだけで、不便な生活を送らなければいけないのか？　なぜなんだろうか？　どのようにしたらそれはクリアされるんだろうか？　解決するんだろうか？　差別、区別ではなくなるんだろうか？　そういうことも考えたほうがいいのではないか、むしろ考えていきたいと思います。

ある高校の国語科で、NIEの授業で使われた教材（記事）をお見せします。まず、京都新聞のネットの記事で、二〇二三年一一月一二日の夜に、速報で出たニュースです。「京都府八幡市長選、三三歳の川田翔子氏が全国史上最年少女性市長に　三極の激戦を制する」。その授業では先生が話題提供をして、この最年少女性市長という表現、必要だろうか？　必要じゃないだろうか？　という議論がありました。いまさらもう「女性市長」「女性〇〇」という表現は要らないんじゃないのかという話も出ましたし、いやいや、今まで市長という公的な役職に若い女性が就くことはなかったから、やっぱり必要なんじゃないかとか、いろんな議論がありました。

次に、翌日の新聞では「八幡市長に川田氏初当選　三三歳　女性で全国史上最年少」という見出しになりました。「女性市長」という言葉は使わず、事実を表現している。おそらく、ネット記事の見出しとの違いや、女性市長と表現したときにどういう含意を読者が感じるかということも意識したのではないかなと想像しています。

「女性〇〇」というのは、必要な情報か不要なのか。その授業でもいろんな意見が出ました。必要な状況、必要な段階というのはどうなのか。前年度の同じ先生の授業では、「女性管理職」という言葉について生徒たちが議論をしました。ゲスト講師として参加していた私は「今、女性管理職という言葉で伝わる情報と、二〇年前、男女雇用機会均等法が施行されて十数年たった段階で、ようやく管理職につく人が出るか出ないかといったころ、ガラスの天井をこじ開けようとしていた時期に使われていた同じ言葉とでは、同じ五字熟語でも、そこに込められる意味合いやその力は違うのではないか。どういう状況、どういう段階で使うか、同じ言葉でも捉え方は違うし、同じ言葉がいつも同じ意味を表すものではない」と伝えました。

皆さんも新聞を読んでいて、「なんだこの表現、古臭い」と思うこともあれば、「ちょっとこれ遊び過ぎちゃうかな?」と思うことがあるかもしれません。このあとの「まわしよみ新聞」ワークでも、例えばそういうことを見つけて、突っ込んでもらえたらなと思います。

私はよく、小学校で新聞の授業をしていますが、教科書では主に四年生、五年生、六年生で新聞や情報社会を扱う単元が出てきます。四年生の国語科では「新聞を作ろう」。事実をわかりやすく報告するために、自分たちが伝えたいことを伝えるためにはどういう工夫をすればいいかグループで考えて、新聞にまとめます。五年生の国語科では、「新聞を読もう」です。新聞を読むと、社会で起きていることへの興味が広がるので、暮らしや学びに生かしていこうと。六年生では「気になった記事を出し合おう」という学びです。情報を選び、整理して発表する。友達の意見も聞く。みんなの発表を通して考えたことを話し合う。小学校の学びの中での新聞の扱いかたは、一方的に情報を伝えるというものではなくて、考えを話し合う材料としての、コミュニケーションの道具だということです。

●「ほっとかない」と「相利型協力」

私が関わってきた地域活動の話に戻ります。住まいの上京区でしてきたことがいくつかあります。「上京朝カフェ」という情報交換の場を月一回続けてきました。今は仲間が運営を引き継いでくれています。定期開催をして、まちの情報交換の場にする、つながりの場にする。「今度こんなことやりたい」「やろうと考えてる」「こんなイベントしますよ」というお知らせをしたり、「いま、身の回り、地域でこういうことで困っている。何か知恵はないですか?」「今度こういう人たちで集まる場を作りたいんだけど、どこか使えそうな場所はないですか? 手伝ってくれそうな人はいないですか?」というような情報をお互いに交換して、ともに動き出したり、まちの人がお互いの動きを知っているという状況を作りたいと思って続けてきました。最初の方で言ったように、必要な情報がリアルタイムに得られる、ということです。

私はこの場を通じて、京都の人って本当に人をよく見てるな、観察してるなと感じました。この人は本気で動いてくれる人だ、私を必要として、本気で動こうとしている人だということに気づけば、すぐにくっついて一緒に動き出す、そういう観察とすばしっこさを、京都の人は持っていますね。ふと気づいたら、西陣の昔ながらの年配の方と京都に来たばかりの学生さんが一緒に活動している、そんな光景を何度も見てきました。

次に、地図の活用です。地図を囲んで情報を出し合うワークショップをしたり、発見を共有するまち歩きをしたりします。情報の伝達は、知っている人が知らない人に伝える一方通行になりがちですが、例えば白地図を囲んで、情報や思い出、ここにこういうものがあったらいいなという夢やアイデアを出し合うと、フラットな関係性ができるということを経験してきました。まち歩きでも、解説するのではなくて、一緒に面白いものとか、気づきを発見、共有するようにしています。年配の男性に比較的多いと思われる一方的な情報伝達、昔はこうだったと自分の成功体験を伝えるマンスプレイニング、マウンティングが、地図を囲んだり一緒にまちを歩いたりするだけで、かなり無くなるということも体験してきました。

もう一つは、「チーム上京!」という、一人の認知症のご本人との関わりをきっかけに進めてきた取り組みです。運転免許を返納して家の前のガレージが空いたときに、ご本人が「地域の人に使ってもらいたい」と言って、子どもたちが学校帰りに立ち寄って、遊んだり、お勉強したりできるような場にした。もともと地域の世話を焼くのが好きな人だったので、ご近所の人も協力をして、そこでお茶を飲んだり、ときには地蔵盆でもないのに地蔵盆的なことをしたりしています。

地域で動きだしているさまざまな活動を見るとき、あるいはそれに関わるとき、自分が新たに動こうするとき、みんなで動くとき、視点をどこに置くのかについて、私は二つの図をいつも意識しています。

一つ目は、龍谷大学政策学部教授の深尾昌峰《ふかおまさたか》さんという、きょうとNPOセンターの創設に深く関わった方の作成した図です。世の中には、いろいろな気づき、ほっておけない出来事があります。

最初は、仲間で解決に取り組む。共通する課題を抱える人たちが世の中にいることがわかる。社会的な制度の問題だとわかる。ほっておけない課題に気づいた人が、「それ、ほっとけないな」「ほっとかないぞ」ということで、社会に広げていく。この期間を支えることができるのが市民社会であると。

社会的認知が広まり、自治体や政府の政策課題になる。あるいは社会全体で支えていこうということになる。制度や税金で支えることが可能になる。いろんな制度、仕組み、法律、条例で制度化される段階です。ドメスティックバイオレンスや孤立の問題、性的指向・性自認に関わる問題も、最初は課題だと捉えられていなかったところから、それ課題だよ、みんなで取り組もうよ、輪を広げて、こんどは制度化していこうという流れになりました。

できあがった制度と現実との間にずれが生じて、課題が出てくるということもあるでしょう。いま自分たちが課題だと思っている世の中の出来事、自分たちが取り組んでいることは、どの段階なのか。新聞記者の立場で言うと、今自分が関心を持って取材をしている対象はどこなのか、考えや視点を定めるのに、この図を役立てています。

もう一つは、NPO法（特定非営利活動促進法）の立法に大きな力を発揮した松原明さんが、大社充さんと二〇二二年に共著で出された『協力のテクノロジー　関係者の相利をはかるマネジメント』（学芸出版社）に出てくる「協力の三類型」の図です。

一つ目は、ともに同じ目標に向かって一緒に頑張ろうという段階の協力。二つ目は、誰かがリーダーシップを持って、私も協力するよ、という段階。三つ目は、目的、目指しているところは違うんだけれども、実は同じ目標を達成している。私が目指していたのはここだ。あなたが目指していたのは別のところだ。でも、そこの合間に良いことができているよね、と。生物の世界で、ミツバチと人間とか、ミツバチと花とか、イソギンチャクとクマノミとかの関係を相利共生と言うようですが、この三つ目の関係を「相利型協力」と言う。

なるほどな、とこの考えを知ったときに、何かほっとしたんですね。なぜほっとしたのか。皆さんは地域で、あるいは大学でなにかを取り組む中で、しんどさや焦り、寂しさを感じたことはないでしょうか？　私は、学生時代のサークルでもそうだったし、地域で市民活動的な取り組みを自分自身がするとき、また取材相手たちの人間関係にも感じたことがありました。

人間同士の取り組み、活動の中で、どうしても情や人間関係の濃淡が現れてきます。「なぜ一緒に取り組んでいる相手が、このことも一緒に動けないんだろう？」「なぜあの人は、違う人と協力して別のことをしているんだろう？」とか。社会の課題に取り組もうとしているのに「なぜ、世の中の人に理解してもらえないんだろう」という焦りがあったり、同じ目標で歩んでいたはずのあの人たちが、なぜ別れて活動してるんだろうか、とか。

リーダーシップとか、手法の違いでチームが分裂してしまうとか、そういうのを見ると、寂しさ、もったいなさを感じていたのですが、いや、そういう段階もありなんじゃないかなと思えてきました。人間は感情の生き物なので、同一性、同質性を求めてしまうところもあるのですが、一人一人違いがあってこそ、違いを大切にしてこそ、協力し合える部分もあるし、知らぬ間に協力しているよね、という部分があるんだという理解をすることができました。

この二つの図。人間はこういうふうに活動し、動いていくものなので、自分が関わるとき、自分が取材をするとき、どの位置にいるんだろうかということを考えるようになりました。

記者として取材・報道するとき、「ほっておけないこと」を早い段階でキャッチするというのが一番の目標というか追い求めたいところなんですが、できあがった制度や仕組みと現実の社会とのずれ、それをどう無くし、正そうとしているのか、議論や動きをフォローしていくことも興味深いと思っています。

●新聞・メディアに「ツッコむ」ワーク

新聞の記事には、大きく分けて本文記事、サイド記事、解説記事、コラムの四つの種類があります。本文記事は、いつどこで誰がなぜ何をどうしたという、いわゆる5W1Hです。何が起きたのか、何があったのか。サイド記事は、その場にいる人は、当事者はどう動いたのか、何を感じ考えたのか、表情はどうだったのかを伝える。テレビのニュースや情報番組で、現場のリポーターが伝えている姿をイメージしてください。現場から伝える。当事者の声を聞く。これは行く場所、聞く相手、記者の問題意識、問いかけ方で大きく変わってきますよね。例えば、議論になっている法案の問題をどの立場の人にどう聞くのか。スポーツで勝ったチームに取材にいくのか負けたチームに取材に行くのか、一つのプレーや判断について尋ねるのか、シーズンを通じての努力や苦労を聞くのか、どういう質問をするのかで全然伝えることが違います。客観報道という言葉がありますが、選ぶ情報や問いかけかたでずいぶん変わります。客観なんて無いと言うと言い過ぎですが、みんな主観で考えたり、材料を選んで、考えたり、判断したりして、その主観を磨き合うというほうが正しいんじゃないかなと思っています。解説記事は統計やデータ。他の事例から、読む人が頭で理解、納得できるように説く文章です。

いろんな新聞社、テレビ局、情報サイト、メディアによって情報の伝えかた、捉えかたが違うことを感じられたことがあると思いますが、多くは、サイド記事や解説記事の違いです。これは本当なんだろうか、もっと正しく判断できる、もっと真相に迫れるような情報は無いのだろうか、この見方は合っているのか間違っているのかというのを、新聞を含むメディアを活用して、話し合い、議論する材料として使ってほしいと思います。

最後の三〇分間、新聞をもとに話し合う「まわしよみ新聞」ワークを行います。皆さんには新聞を持ってきてもらっていますが、京都新聞も全国紙も会場に置いています。どれでも自由に手に取ってください。気になった記事をもとに、近くの人同士で話し合います。きょうは、「私が大切にしたいもの」をテーマにします。記事を選ぶとき、話し合うときのヒントにしてください。

大きな難しそうな記事でなくても、地域版の小さな、やさしいニュースでもいいし、広告やコラ

「まわしよみ新聞」ワーク

ムでもかまいません。おもしろいな、変だな、ええなあ、あかんやん。あるいは、もっと深く突っ込んで知りたいなということでもいいので、自分のツッコミが入れられるような記事を選んでください。「私が大切にしたいもの」を真っ正面から選んでもいいですし、三題噺のようにちょっとこじつける思考もいいかと思います。

一〇分余り、話し合ってもらいました。お話も盛り上がったところですが、終わりです。皆さんを拝見していると、ひとつのテーマで深く議論を深めているところもあれば、他の記事や広告に話題が移ってそちらで盛り上がってるところもあったり、数独クイズを解きだしてはまっている人がいたり、新聞はそこそこにして何かのテキストを熟読する学生さんもいたり、さまざまでした。情報の付き合い方って、そういうことですよね。興味があればそれに向き合って深めていく。

新聞は、社会の情報を得るための一つの入口、扉です。入口に立つことによって、さまざまな情報を得ようと思えば得られるし、別の入口を探してもいい。新聞もテレビもネットも大切な情報源です。ただ新聞社の立場で言うと、新聞の編集された情報は、いろんな人が議論をして検証して伝えていっている情報だっていう自負があります。そうすることによって情報が絞られ、抽出されるので、それが不便だと捉える向きもあるかもしれません。ただ、「探究と対話」を経て伝えている確かな情報の価値を、あらためて感じ取ってもらえたらありがたいです。皆さん自身が「探究と対話」を深めていくときのきっかけの一つにも使ってもらえたらいいかなと思います。

大学という場所もそうですね。いろんな先生や資料をうまく活用して、「探究と対話」を深めていってください。新聞社は、そういった大学や教育機関のサポート、協力もしていきます。

今日はご清聴ありがとうございました。

（第37回花園大学人権週間・二〇二三年十二月六日）

同性婚に関する訴訟とＬＧＢＴＱを取り巻く近時の状況

三輪晃義

1　自己紹介

皆さん、こんにちは。弁護士の三輪晃義と申します。今日は、同性婚に関する訴訟のお話をさせていただきます。その前提としてＬＧＢＴＱを取り巻く近時の状況についてもご説明させていただきます。よろしくお願いします。

まず簡単に自己紹介をさせていただきます。私は大阪で弁護士をしております。日本弁護士連合会という組織がありまして、これは全国のすべての弁護士が加入しないといけない団体なんですけれども、そこでＬＧＢＴの権利に関するプロジェクトチームのメンバーとして、ＬＧＢＴＱの人権施策について取り組んでいます。

組織を離れて弁護士個人としても、ＬＧＢＴＱに関する事件を取り扱っています。例えば同性カップルの方から、自分が死んだときにパートナーに財産を残したいんだけれどもどうしたらいいか、という相談を受けて遺言を作成したりしています。トランスジェンダーの方から、自分がトランスジェンダーだということを会社に伝えたら内定を取り消されたという相談を受けたこともあります。他にも女性同士のカップルが、自分たちは二人で子どもを作ろうと思ってるんだけれども、自分たちと子どもとの関係について今後どうなるか知りたいとかですね、そういう案件に携わっています。様々なＬＧＢＴＱの問題を取り扱ってきました。

また、弁護士個人ではなくて、弁護士が何人か集まって弁護団を組んで裁判をすることもあります。トランスジェンダーの方が女性から男性に性別を変更して女性と結婚することができて、第三者から精子提供を受けて、妻が子どもをもうけた。ただ、法律の規定によって、性別を変更するトランスジェンダーの方というのは、生殖能力を失わせなければなりませんでした。生殖能力のない夫婦から子どもが産まれるはずがないだろうということで、法律上父親として認められなかったという事件がありました。その事件は、最高裁判所で最終的に父親として認められたわけですけども、そういう事件の弁護団に所属したりもしておりました。他にも、学生の頃からＬＧＢＴの支援の活動をしていましたので、今日はなるべく当事者の声を反映させてご説明していきたいと思っております。

●2 多様な性のあり方

最初に、多様な性のあり方について簡単に説明したいと思います。そもそも性別とは何なのでしょうか。性別というのは、かつては男性と女性に綺麗に分かれるというふうに理解されていました。しかし実際は、性別はいろいろな要素の組み合わせである、ということについてご説明します。

一つ目の要素は生物学的な性別です。外性器、簡単にいえば男性器を持っているかどうか、染色体がXYか、XXか、とかですね。あと戸籍にどう記載されているか、男性としての記載をされているか女性としての記載がされているかという法律上の性別の要素があります。

生物学的な性別ニアリーイコール法律上の性別と書いていますけれども、赤ちゃんが生まれたときに、性器の形から、男の子か女の子かがはっきりと判別できないという子が一定の割合で生まれてきます。そういう場合には、出生届の性別を留保しておくとか、医師と家族が相談して性別を決めるということが行われています。生物学的な性別は、男性か女性かはっきり分けられない場合があるある。ただ戸籍上は、男性か女性かという記載しかありませんので、中間的な性が認められていないんですね。そういう意味で完全なイコールではなくて、ニアリーイコールで結んでいるということになります。

二つ目が性自認という要素です。自分自身がどの性別に属するか、男性に属するのか女性に属するのか、またはいずれにも属さないのかという認識のことを言います。

三つ目が性的指向です。どの性別を恋愛とか性愛の対象とするか、またはしないかという傾向のことを言います。同性を好きになるのか、異性を好きになるのか、同性も異性も好きになるのか、そういう傾向のことです。

四つ目が社会生活上の性別と言われるものです。服装、言葉使い、仕草、化粧をするかしないか、スカートを履く、あと髭を生やす、髪の毛を短くするとかそういう社会生活上の要素になります。

これらの性のあり方については、社会の多数派とは違って、典型的でない性のあり方を持っている人もいます。例えば、誰を好きになるかという性的指向が典型的でない人、つまり同性に向く人のことを、女性同性愛者の場合はレズビアン、男性同性愛者の場合はゲイというふうに呼びます。両性愛者、男性も女性も好きになる人のことをバイセクシュアルというふうに呼びます。

性的指向が典型的でない人っていうのはレズビアンかゲイかバイセクシュアルしかいないのかというと、そういうわけではありません。恋愛の対象が誰にも向かないという人もいます。そういう人はアセクシュアルというふうに呼ばれたりします。また、そもそも男性とか女性という枠組みに関係なく人を好きになるという人のことをパンセクシュアルと呼んだりもします。性的指向が典型的じゃない人は、レズビアン、ゲイ、バイセクシュアルには限られないということはご注意ください。

また、生物学的な性別と異なる性別で生活している人がいます。こういう人たちのことをトランスジェンダーといいます。直訳すると性別越境者と訳すことができます。具体的に言うと、男性として生まれてきたけれども、男性の体で生活をすることに違和感があるという方ですね。男性器がついているということをどうしても受け入れられない、安心して生活できないという方がおられます。

女性として生まれてきたけれども、スカートを履いたりして、女性として生きていくことに違和感があるという方もいます。自分の体の面ではなくて、どのような性別で生きるかという点で違和感を持っている人もいます。こういう方々をトランスジェンダーというふうに呼びます。男性として生まれた人で女性として暮らしている人のことをＭＴＦと呼びます。Male to Female の頭文字ですね。女性として生まれて男性として暮らしている方はＦＴＭと呼びます。

ノンバイナリーという言葉を、皆さん聞いたことありますかね？　これは自分を男性とも女性とも決めつけない人のことを言います。トランスジェンダーというのは、男性から女性、女性から男性というふうに性別をトランスする、越境するという意味合いが含まれているんですけれども、自分を男性でも女性でもないというふうに性別を決めつけないという人もいます。そういう人のことをノンバイナリーと呼びます。

ここでちょっと注意をしていただきたいのが、このトランスジェンダーに関してです。生まれつきの性別で生きることに違和感を持つ人が、どういう生活を望むか、どういう対応を望むかというのは人それぞれだということです。別の性別の服装をするだけ、例えばスカートを履くのが嫌だという人はもしかしたらそうしたスカートを履かずに生活をすれば、その人のしんどさがなくなるかもしれません。ホルモン治療をして低い声を高くしたり、胸が出てくれれば暮らしやすくなるという人もいます。性器を自分の性別とは違う性別に合わせたい、そうしないと自分が安心して暮らせないという方もいます。最終的には、戸籍上も自分の性別を本来自分が考えている性別に変えないと安心して暮らせないという方もいます。

このような性のあり方が典型的でない人たちのことを、それぞれの頭文字からＬＧＢＴと呼んでいます。レズビアン、ゲイ、バイセクシュアル、トランスジェンダーの頭文字ですね。最近はクィアのＱをつけてＬＧＢＴＱと呼ぶことが増えています。クィアというのは、規範的な性のあり方、一般的な性のあり方以外を包摂する言葉として用いられる言葉です。

人口に占めるＬＧＢＴＱの割合は、過去の調査によると大体三％から五％という調査結果が出されています。二〇一九年に大阪市民を対象とした無作為抽出のアンケートが行われたんですけれども、そのときには三・三％がＬＧＢＴＱ当事者であるという調査結果が出されています。三％というと三三人に一人ということになります。例えば今日のこの教室は三〇〇人ぐらい入るのかなと思いますけれども、この部屋が満員になったら、一〇人前後いても全然おかしくないということになります。それぐらいの感覚で理解してもらえたらと思います。

かつては、ＬＧＢＴＱの当事者に出会ったことがあるかないかということをお聞きすると、多くの方がそんな人と過去に出会ったことがないと答えていたのですけれども、最近はだいぶ変わってきているかもしれません。一日街中を歩いたら必ず一人はすれ違っていると思います。ですので、自分とは縁がない人たちではなくて、身近にいてもおかしくない人というふうに理解していただきたいと思っています。

もし気づいていないという方がおられたら、それは周りに当事者がいないからではなくて、当事者が自分の知らないところで必死に隠しているだけかもしれない、そういうところにまで思いを馳せていただけたらと思います。

ここで気を付けていただきたいことがあります。ＬＧＢＴＱという言葉の説明をしましたが、すべての人がＬＧＢＴＱ、または普通の人の箱に振り分けられるわけではないということです。生物学的な性別については、生まれたときに男の子か女の子かはっきりしない子が生まれると先ほど申し上げました。誰を好きになるかということについても、異性しか好きにならない、男性しか好きにならない人だけじゃなくて、どちらも好きになる人がいると申し上げました。トランスジェンダーの方についても、自分をどういう性別と認識するか、それをどういうふうに解消したいかということについては人それぞれだというふうに申し上げました。

○か一〇〇かで何か評価できるような事柄ではないんですね。つまり、性のあり方は一人ひとりで違うということが言えます。これはグラデーションというふうに表現されることもあります。逆に言うと、ＬＧＢＴＱの問題というのは、普通の人とＬＧＢＴＱという特別な人とを対比して捉えるのではなくて、ＬＧＢＴＱというのは性のあり方という点で、いわゆる普通の人と地続きの存在なんだということを前提に考えていただきたいと思っています。

ＬＧＢＴという言葉を使うと、どうしても普通の人ではないＬＧＢＴの人たちという捉えられ方をしてしまうことがあります。そこで、最近はＳＯＧＩと呼ばれる場面が増えています。これはSexual Orientation and Gender Identity、性的指向と性自認の頭文字をとったものです。ＬＧＢＴ

というのは、人の属性を捉えた呼び方ですけれども、ＳＯＧＩというのはこの問題の性質に注目した略称となってますので、そちらの方がより本質を捉えているだろうと思います。

さらにややこしいことを言うかもしれませんが、Ｌ、Ｇ、Ｂ、Ｔそれぞれが抱えている問題も全く違うということです。ＬＧＢＴＱの人権、という言葉を私も使うことがあります。しかし、実はＬ、Ｇ、Ｂ、Ｔそれぞれが抱えている問題は全く違っているということです。

例えば制服に関して、高校とか中学校で自分がどの制服を着たいかということについては、これはトランスジェンダーの方が主に直面する問題で、ゲイとかレズビアンとかバイセクシュアルの方は、多くの場合はそれほど問題にぶつからないということが言えます。子育てに関しても、女性同士のカップルは、第三者から精子の提供を受けたら子どもを産むことができますが、男性同性愛者の場合は、代理母のお腹を借りてしか子どもを持つことができませんので、子育てに関する問題を抱えているのは女性同士のカップルが多いです。戸籍に関して言うと、自分の生きたい性別とは違う性別が記載されているということで問題になりますので、戸籍の問題に直面するのもトランスジェンダーの方が大部分だと思います。

このようにＬ、Ｇ、Ｂ、Ｔの方々がどういうところで問題を感じているかは、それぞれ違うということも知っておいていただきたいと思います。

●3　ＬＧＢＴＱを取り巻く日本の現状

ＬＧＢＴＱを取り巻く日本の現状について説明します。日本では、残念ながらＬＧＢＴＱに対する根強い差別意識があると言われています。「男が男を好きになるなんて気持ち悪い」という言葉を今でも聞くことがあります。「別に勝手にしてくれたらいいんだけど、ただ家族にいて欲しくないな、よそでやってくれる分には構わないけど」、こういうことを言う方もたくさんいます。男性として生まれて女性として生活をしているトランス女性に、女性トイレを使わせると性犯罪が増えるという言葉も、最近ネットなんかでよく見かけます。「女同士で子育てをすることは別に構わないんだけど、将来生まれてくる子どもがいじめられるんじゃないの、そんなかわいそうなことをよくするね」ということを言う方もいます。

あと「おかま」とか「レズ」とか「両刀使い」とか「ホモ」という言葉は、かつてＬＧＢＴＱの当事者を蔑むために使われてきた言葉なんですけれども、このような言葉もまだ社会には残っています。ゲイやレズビアンは子どもを産まないから生産性がない、だから社会の役に立たないんだということを言う人もいます。政治家なんかでもこういうことを言う人がいます。当事者は日々こういう差別意識のある社会で暮らしていて、好奇の目にさらされるような立場にあります。

私はこういう講演なんかをしていると、性に関することは個人の問題だから心の中に留めておけばいいじゃないか、というふうに言われることもよくあります。しかし、私はそれはおかしいと思うんです。社会制度というのが、性別と全く関係なく構築されているんだったら、もしかしたらそう言えるのかも知れません。ただいろいろな制度と性別は紐づいていますし、会社とか学校の中で彼氏とか彼女とか結婚とか子どもとか、そういう話はどうしても出てきてしまいます。そういう現状の中で、性別のことは心の中に留めておけばいいんじゃないのというのは、それはすごく乱暴な議論じゃないかなと思っています。

このような社会に暮らす当事者は大きなストレスを抱えていると言われています。自尊感情を持つことができずに、自分を否定してしまって精神的に不安定な傾向があると言われています。

ここで調査結果を紹介します。認定ＮＰＯ法人ReBitが二〇二二年に行ったインターネット調査によると、一〇代のＬＧＢＴＱの四八％が自殺を考えたことがある。一四％が自殺未遂を経験したことがある。全国の調査と比較して、高校生の不登校経験は、ＬＧＢＴＱの当事者は、当事者でない人の一〇倍に上るという調査結果が出されています。多くの学校ではＬＧＢＴＱについて授業で取り上げられていません。三三人に一人ですから、クラスに一人はＬＧＢＴＱの生徒がいてもおかしくないわけですけれども、そのことが先生にも十分認識されていないと思います。

そんな中、文部科学省はＬＧＢＴＱの子どもたちにきめ細かく対応するように通知を出しています。性的マイノリティとされる児童全般について、個別の事案に応じて児童生徒の心情に配慮した対応を行うことを指示しています。私もトランスジェンダーの中学生が不登校になった件で、実際に弁護士として学校との交渉を担当したこともあるんですけども、そのときにはこの通知を使いました。その案件では、不登校だった子が学校に復帰することができました。

職場の状況についても説明します。皆さんは、今アルバイトをしていたり、将来就職することを考えたりしていると思います。しかし、職場でもＬＧＢＴＱに対する理解が進んでいるとは言えません。大企業でもたった三割ぐらいしか、ＬＧＢＴＱの権利尊重とか差別禁止を基本方針として策定していません。そのせいもあって、ハラスメントとか差別的な取り扱い、その他様々な不便を当事者はこうむっていると言われています。

ハラスメントの例として、ゲイの従業員が上司に性風俗店に誘われる、ということもまだあるようです。先ほど私が実例として挙げましたが、トランスジェンダーの大学生が内定を受けたけれども、それを会社に伝えたら内定を取り消されたということも実際にあります。いつ結婚するのとか、早く結婚しないとそっちの人だと思われるよとか、そういうことを言われることもあります。このようなハラスメントはなかなかなくなりません。

そこで、二〇二〇年六月に施行されたパワハラ防止法では、ＳＯＧＩハラとアウティングがパワハラに当たると規定されることになりました。ＳＯＧＩハラというのは、性的指向や性自認に関する侮辱的な言動をいいます。アウティングというのは、労働者の同意なく性的指向や性自認を暴露することを言います。あの人ゲイやねんけど、それ知ってた？　と職場で話すことがアウティングの例です。これらの行為がパワハラにあたりうるということが法律で明記された結果、ＳＯＧＩハラ対策とかアウティング対策が企業の法的義務になりました。会社はこういうハラスメントが起こらないような対応をしないといけないということが法律上明記されることになりました。

ＬＧＢＴＱの方が日常生活で直面する差別を見てみましょう。ＬＧＢＴＱの当事者の方々は、日々自分のことを隠して、嘘をついています。ＬＧＢＴＱを馬鹿にするような話題に対して、心を殺して、一緒に笑い合うという生活を強いられています。

例えば、飲み会の席で「おまえホモなんじゃないの？」と言われたとします。「はい、私はゲイです」とカミングアウトできる人がどれだけいるでしょうか。「お前ホモじゃないの？」と言ってくる人に、自分の性的指向をカミングアウトできるわけがないですよね。偏見とか差別を受けるんじゃないかと考えて、そこでカミングアウトできないのが普通だと思います。多くの当事者は自分を否定して、自分自身の性のあり方を否定して、「そんなわけないじゃないですか」「私がホモなわけないじゃないですか」と答えざるを得ません。これがどれだけ残酷なことか、ぜひ想像してみていただけたらと思います。

また、日常生活で不便があっても、差別を恐れて改善を求めることができません。多くの当事者はカミングアウトできずにひっそりと暮らしています。多くの当事者は、性別違和のない異性愛者の両親を持っています。いわゆる普通の男性と普通の女性が両親であることが多いと思います。そもそも自分の性のことを親に相談するということ自体がハードルが高いことだと思いますけれども、しかもそれが自分の性のあり方が他の人とは違うということを親に相談するというのは非常にハードルが高いと思います。私の周りの当事者の方々も、友達にはカミングアウトできるけど家族にはどうしてもできないという方がたくさんおられます。家族の中で自分の問題を理解してもらうのが難しいということは、日常生活にすごく大きな悪影響を与えていると思います。

また、特にトランスジェンダーは就労すること自体困難な場合が多いです。これは私が先ほど申し上げた通りです。トランスジェンダーの人は、自分が思う通りの性別で仕事をしたいと思っても、会社から排除されてしまう可能性があります。また、同性カップルは法律的にも社会的にも無視をされています。これは後で詳しくご説明します。

今述べたような、あからさまな差別に遭わないという方もたくさんいますけれども、やっぱり細かい傷を受け続けていると思います。こういう傷のことをマイクロアグレッションというそうです。別にそれで人が致命的なダメージを受けるわけではないけれども、毎日少しずつ紙で指の先をピッと切るような、小さな痛みをずっと与えられ続けているようなものだ、と表現されることもあります。

4　ＬＧＢＴＱと法制度

ここからはＬＧＢＴＱと法制度についてご説明します。ＬＧＢＴＱの存在に着目した法律は、日本には二つだけあります。一つは性同一性障害者特例法と呼ばれるものです。もう一つは二〇二三年五月に成立したＬＧＢＴ理解増進法です。

一つ目の性同一性障害者特例法は、性同一性障害という診断を受けたトランスジェンダーの方が、法律上の性別の取り扱いを、男性から女性、女性から男性に変更して戸籍上の性別を変更したりすることができるようにする法律です。これについては後でもう少し詳しく見ます。

二〇二三年に成立したLGBT理解増進法という法律は、社会問題に対して国としての理念を示した、いわゆる理念法です。理念を示すにとどまりますので、国に対して何か特別な義務を負わせるとか、国民に何らかの権利を与えるとか、そういう法律ではありません。例えば、この理解増進法によって、同性カップルが結婚できるようになるということはありませんし、トランスジェンダーの方が性別変更しやすくなるという法律でもありません。ただし、国や地方自治体にLGBTの理解を増進する政策を推進せよ、ということを命じる法律ではありますので、今後の運用を注視する必要があると思っています。

先ほどちょっと後回しにした性同一性障害者特例法について少し詳しく説明します。この法律は、①から⑤の要件を満たした場合に、法律に特別の規定がある場合を除いて、他の性別に変わったものとみなされ、男性だったら女性、女性だったら男性に変わったものとみなされるという法律です。この前提として必要なのが性同一性障害の診断です。この法律が対象としている性同一性障害者というのは、二人の医師によって性同一性障害であるという診断を受けた人のことを言います。これらの要件を満たしたら性別の取扱いを変えることができます。

一つ目の要件が、一八歳以上で成人の年齢に達していることです。

二つ目の要件は、現在婚姻していないということです。なぜこの要件が必要かというと、婚姻している男女のカップルの一方が性別を変えてしまうと、男性同士の夫婦、女性同士の夫婦になってしまうからです。何がまずいかというと、日本では同性婚が認められていませんので、法律が認めていない形の夫婦の存在を認めることになるからです。結婚している場合は一回離婚してから性別を変えないといけないということになっています。

三つ目の要件は、現在未成年の子がいないことです。もし未成年の子がいる場合は、成人するのを待って性別変更をしなければなりません。この要件は本当に必要なのか、という議論があります。親が性別を変更すると未成年の子が混乱するからという理由でこの要件が設けられているんですけれども、果たして一般的にそう言えるのか疑わしいと思います。子どもの混乱を理由に性別変更を許さないことが認められるのだろうかという議論があります。

四つ目の要件は、生殖腺の機能がないことです。男性の場合は精巣を取り除くとか、女性の場合は卵巣を取り除くなどして、その機能を失わせる手術が必要とされていました。

これについては、二〇二三年一〇月に、最高裁がこの要件は憲法に違反して無効だという重要な判断をしました。最高裁判所は、日本にたくさんある裁判所の中で一番位の高い裁判所です。簡単に言うと、最終的な法解釈を決定することができる裁判所なんですけれども、その最高裁判所がこの要件を無効としたのです。最高裁判所が法律の規定を無効としたのは、戦後に一〇数件しかありません。日本国憲法が成立して約八〇年で一〇数件しかない、そのうちの一つが今回の判決でした。この画期的な判決が出された結果、生殖腺の機能を失わせるための手術はしなくてもいいということになりました。

次に、五つ目の要件です。これは、他の性別の性器に近似した外観を備えていなければならないという要件です。男性器がついている男性は男性器を取り除いたりしないといけないという要件です。これは外性器要件と呼ばれています。この要件についても先ほどの裁判で問題となりましたが、最高裁判所は高等裁判所で審理し直せと判決して、高等裁判所で審理のやり直しが行われているところです。将来これも憲法違反という判断がされる可能性があります[*1]。

この性同一性障害者特例法によって、トランスジェンダーの方で自分の戸籍上の性別を変えたい、法律上も別の性別として取り扱われたいという人が救済されることになりました。ただ、注意していただきたいのは、すべてのトランスジェンダーの方がこの法律で性別を変えるわけではないということです。体質上、⑤の手術をすることができない人もいます。麻酔が効かないとか、麻酔に対するアレルギーがあるという人もいますし、その他宗教上の理由で手術ができないという方もおられます。そういう方についてはそもそもこの制度は使えません。

また、自分は別に戸籍の変更まではしなくても安心して暮らせているという方は、トランスジェンダーでもこの制度を使わない方もおられます。ですので、すべてのトランスジェンダーの方がこの法律を使うわけではないことにはご注意ください。

最近は、トランスジェンダーに対する苛烈な攻撃が見られるようになっています。以前から存在はしたんですけれども、特にこの特例法の要件が憲法に反するという最高裁判決が二〇二三年の一〇月に出たことを受けて、トランスジェンダーに対する、主にインターネット上での攻撃が苛烈になっています。例えば、手術をせずに性別変更できることになれば、男性器を持った女性が女性トイレや女性浴場に入ってくる、という発言がなされたりします。あと女性のためのスペース、女性トイレ、女性更衣室とかが、男性器を持った女性によって安心できない場になってしまう。こういうことが言われています。

しかし、私はこの意見はおかしいと考えています。公衆浴場に関しては、男女というのは戸籍の性別で判断されておらず、もっぱら身体的な特徴によるという行政上の取り扱いがされています。男性器がついているかどうかでどちらの浴場に入らなければならないのか決まるんですね。そういう意味では、特例法の要件がどうなったからといって、男性器がついた人が女性の浴場に入ってくるということはまずありえません。

女性トイレに関しては、もちろん女性が安心してトイレを利用できることはすごく重要なことです。ただ、それはトランスジェンダーを排除することでしか達成できないことなんだろうかと疑問を持っています。女性トイレにトランスジェンダーを入れるなという意見は、トランスジェンダーを騙った男性が性犯罪目的で女性トイレに立ち入ってくる、ということを言いたいのだと思いますけれども、犯罪の可能性があるから一律にトランスジェンダーを排除するというのは、あまりに極端な方法だと思います。例えば、京都府は万引き発生率が高いから京都府民はコンビニに立ち入る

＊1　二〇二四年七月、広島高等裁判所は、この当事者は外性器手術をしなくてもホルモン治療によって女性的な体になっている等の理由で性別変更を認めました。外性器要件については、それが常に必要であれば憲法違反の疑いがあると言及しました。

などというのと同じぐらい極端な話だと思います。痴漢の加害者は男性が多いから朝の七時から九時までは男性は電車に乗るなとかですね、私はそれぐらい極端なことを言ってるように聞こえます。私からすると、不合理な根拠でトランスジェンダーの排除がかまびすしく喧伝されているというのは、当事者にとってはかなりきつい状況だと思います。

●5　経産省事件の最高裁判決について

経産省で女性トイレの利用を制限したことが裁判で争われた例があります。この裁判では、最高裁判所で、トランスジェンダーの女性に対して、女性トイレの使用を制限したことが違法であると判断されました。

性同一性障害の診断を受けた、男性として生まれて女性として暮らしているAさんがいました。この方は性別適合手術を受けずに経産省で女性として勤務していました。経産省は、Aさんに対して女性用トイレの使用を制限しました。同じフロアの女性トイレは使用してはならず、上下ワンフロアの女性トイレも使用してはならないという制限です。女性トイレを使うんだったらそれ以外のフロアのトイレを使わなければならない状態でした。こういう制限を設けることが法律に違反するんじゃないかということが争われた事例です。

最高裁判所は、Aさんが女性トイレを自由に使用することによってトラブルが生じることは想定しがたく、不利益を甘受させるだけの具体的な事情がないということで、この取り扱いは違法だと判断しました。この事件は、最高裁判所の裁判官五人で審理されたのですが、その五人全員がこの意見を支持していて反対意見はありませんでした。

最高裁判所では一人一人の裁判官が、判決に対して意見を書くことができるのですが、渡邉恵理子裁判官は次のように言っています。女性職員らの利益を軽視することはできないものの、性的マイノリティに対する誤解や偏見が、いまだ払拭することができない現状のもとでは、両者間の利益考慮、利害調整を、感覚的抽象的に行うことが許されるべきではない。このように述べて、客観的かつ具体的な利益考慮、利害調整が必要であると指摘しました。これは、ＬＧＢＴＱに何か不利益を課す場合に、何となく変だなとか、何となく不安だなということだけを理由として、その不便が正当化されないということです。もっと具体的な危険があるとか、客観的に見て支障があるということでもない限りは、トランスジェンダーに対して不利益を課すことは許されないということを指摘したものです。

長嶺安政裁判官は、次のように言っています。自認する性別に即して社会生活を送ることは誰にとっても重要な利益であり、とりわけトランスジェンダーである者にとっては切実な利益である、そしてこのような利益は法的に保護されるべきである、と意見を述べています。

この判決から何を読み取れるかというと、感覚的な理由だけで当事者の利益を侵すことは許されないということです。具体的にどういう支障が生じるかをしっかりと検討した上で、どこまでの制限が許されるかということを客観的に検討しなければなりません。漠然とした抽象的な理由で広範な制限を設けることは許されない、ということを最高裁判所は言っているのです。

●6　同性カップルと婚姻

ここからは同性婚に関する話に移りたいと思います。日本では同性同士の婚姻は認められていません。その結果、同性カップルは様々な不利益をこうむっています。

まず、相続することができません。婚姻している夫婦の場合は、片方が亡くなった場合には必ずその配偶者が相続することができるのですが、同性カップルの場合は、遺言を書いていない限りは他人同士の扱いになりますので、財産を受け継ぐことができません。これはお金や貯金がもらえないというだけの話ではなく、一緒に住んでいる家に住み続けられなくなる可能性がある、ということも意味しています。

次に医療同意の不便です。カップルの片方が意識を失って病院に運ばれて緊急手術が必要だとします。そういうときに、通常は手術同意書という書類にサインしなければなりません。男女の夫婦の場合は、配偶者がサインすることができて、すぐに手術を受けることができます。ですが、同性カップルの場合は、法律上は他人同士ですので、目の前でパートナーが今にも死にそうな状態であったとしても、とにかく誰か親戚を連れてきてくれ、血の繋がっている人のサインがないと手術できない、と言われることがよくあります。

また、在留資格については、日本人の男性と外国人の女性が結婚している場合、その外国人の女性は日本で配偶者ビザという在留資格を得ることができます。日本では、外国人はビザを取らないと適法に滞在できないのですが、結婚していたら配偶者という身分だけで、そのビザが与えられる可能性があります。他方で、同性カップルの場合は結婚ができませんので、配偶者ビザを取得することはできません。ですので、もともとの在留資格が切れてしまったら母国に帰らないといけないということになります。

留学のために海外から日本に来ている人だったら、留学期間が終わったら帰らないといけない。就労ビザで来ている人だったら、解雇されたり、病気等の理由で退職したら日本から出て行かないといけないということになります。同性同士の国際カップルの生活はとても不安定なのです。私の周りでも、これが理由で別れてしまった国際カップルがたくさんいます。

他にも結婚している夫婦だったら受けられる優遇措置なんかが全く受けられないという不利益が様々あります。今お話ししたのはほんのごく一部で、すべての不利益を挙げ出すと、簡単には数え切れません。

このような不利益を回避するために、中には養子縁組をして不便を解消するカップルも存在します。養子縁組は誰でもできるんですね。友達同士でもできます。ちょっとでも年上だったらその人が養親になります。ちょっとでも年下だったらその人は養子になります。夫婦になれないんだったら親子として法的な関係を作ろうということで、養子縁組をしてこの不便を解消するカップルも存在します。

また、子どもを産み育てる女性同士のカップルも珍しくなくなっています。私の周りの女性同士のカップルも最近子供を産む方が増えてきています。ただ、その場合には、男女の結婚しいてる夫婦だったら当然と思われているようなことが全然受けられず、様々な問題に直面しています。

しかし、このような同性カップルを取り巻く現状も少しずつ変化してきています。二〇一五年以降、地方自治体で続々と同性パートナーシップ制度が導入されています。全国三二八の自治体で五〇〇〇組以上が制度を利用しています。二〇二三年の六月現在のデータでは、人口カバー率は日本全国の七割を超えていて、日本に住んでいる人の七割がこの制度を使えるという状況にあります。[*2]

この制度に法的効果はなく、同性カップルが結婚できるようになったりするわけではありません。ですので婚姻制度の代わりに使えるものではありません。ただ、当該自治体の公営施設で同性カップルとして取り扱われる場面が増えています。公立の病院では手術同意が認められるようになったり、面会が認められたりする場面が増えています。公営住宅への入居もできるようになっているようです。他にも災害見舞金の申請が同性カップルに広げられる自治体もあるようです。どのような住民サービスが利用できるのかは各自治体によってまちまちですので、全国どこに行っても同じ効果が得られる結婚とは、全く性質が違う制度です。

二〇一五年七月七日に、四五〇名以上の市民が、同性婚を求めて日本弁護士連合会（日弁連）に対して人権救済を申し立てたということがありました。日弁連は人権救済の機関としての役割がありますので、市民から人権侵害を受けたという申し立てがあった場合には、日弁連として勧告を出したり、要請を出したり、警告を出したりする、人権救済申立制度があります。日弁連は二〇一九年四月に、国は同性婚を認め、これに関連する法令の改正を速やかに行うべきであるという意見書を出しました。これが、日本の弁護士会の同性婚に対する現在のスタンスということになります。

二〇一九年六月と二〇二三年三月に、立憲民主党など野党が、同性間の婚姻を可能とする婚姻平等法案を国会に提出しました。しかし、議論が全く行われないまま現在に至っています。今のところ、同性間の結婚が認められる法制度ができるという状況にはありません。

ただ世論調査の結果は、同性婚への理解を示しています。二〇二三年の二月に行われたいくつかの世論調査では、どの調査でも賛成が過半数、高いものでは七割に上るという調査結果が出ています。ＮＨＫの世論調査を見ていただくと、与党支持層、野党支持層、無党派層のいずれでも同性婚に賛成する意見が半数を超えたという結果が出ています。もう社会は同性婚制度を受け入れる準備ができていると私は思います。

●7　同性婚を巡る「結婚の自由をすべての人に」訴訟

同性婚の実現を求める「結婚の自由をすべての人に」訴訟が二〇一九年二月に提訴されました。

＊2　その後、パートナーシップ制度を導入する自治体はさらに増え、二〇二五年一月時点で少なくとも全国四八四となり、人口カバー率は九〇％を超えました。

二〇一九年二月一四日、東京、大阪、名古屋、札幌の四つの地方裁判所に対して、同性間で婚姻できない今の法律は憲法に違反してるんだと訴える訴訟が提起されました。

憲法に違反するというのはどういう意味か説明します。憲法は最高法規だということを、皆さん聞いたことはありますかね。法律を作るときに、憲法に違反するような内容のものを作ってはならないということを意味しています。憲法に違反するような法律は、裁判所がそれを無効とすることができるということも意味しています。この訴訟では、結婚に関する現行法が憲法に違反しているということを訴えて裁判が提起されました。

二〇一九年九月には福岡地裁、二〇二一年三月には東京地裁に二次提訴がなされまして、現在五つの裁判所で六つの事件が行われています。原告が求めているのは、これまで尊重されてこなかった尊厳の回復で、同性間の婚姻を認めない法律は憲法に違反するという司法判断です。なぜ司法判断を求めているのかと言いますと、法律ができそうにない現状を打破するための唯一の方法だからです。国会も行政も、同性婚を実現するという動きを全く見せないので、裁判所が「同性間で結婚できないことは憲法に違反するので国会は法律を作ってください」と判決を下すことで立法化を促すことを狙って、この裁判は提起されました。私は大阪の裁判所に提起した訴訟の弁護団の一員でもあります。

そもそもなぜ同性カップルは結婚できないのでしょうか。「憲法って同性婚を禁止してるんでしょ？だから憲法を変えないと同性婚ってできないんじゃないの？」と言われることが時々あります。しかし、この見解は間違っています。憲法は同性間の婚姻を禁止していません。だから憲法が理由で同性カップルが結婚できないというわけではありません。

この見解が根拠とするのは、憲法二四条一項です。「婚姻は両性の合意のみに基づいて成立し」ということが書かれている条文です。両性っていうのは男性と女性のことだから、男性と女性の結婚しか認めてないんじゃないの、同性同士の結婚を禁じているのではないの？　という考え方のようです。

そこで、憲法二四条一項がなぜ日本国憲法に盛り込まれたかを見てみましょう。かつて婚姻というのは、当事者の合意だけではできなかったんです。家の許しがないと結婚できない時代がありました。戦後の憲法では、第三者の許可を得ないと結婚できないという制度は終わりにしようという意味で、この規定が盛り込まれたんですね。当事者さえＯＫしていたら結婚は成立するんだということです。

このように、憲法二四条一項は同性間の結婚を排除する意味で作られた規定ではありませんので、二四条一項が作られた経緯からして、憲法は同性間の結婚を禁止していないというのが正しい理解です。この見解は憲法の学者、弁護士、法律家であれば、ほとんどみんなが賛成していると思います。

それでは、なぜ同性カップルは結婚できないのでしょうか。それは、民法が夫婦という言葉を使っているからなのです。夫婦というのは夫と婦人の婦ですから、男性と女性を意味していると解釈できます。婚姻について定める民法が夫婦という言葉を使っているから、法律上の婚姻というのは男女間に限られるんだというのが政府の見解です。男性同士で婚姻届を役所に持っていっても、これは民法が同性婚を認めていないので受け付けられません、ということで受理されません。同性婚を導入するために憲法を改正しないといけないという見解がありますが、実はそれは間違いで、改憲をする必要はありません。民法に少し手を加えるだけで同性婚は実現できるのです。

この裁判で私達がどういう判決を求めているかといいますと、原告一名につき一〇〇万円の慰謝料を支払えということを求めています。ただし、これは、賠償金をもらうことが目的ではありません。違憲判断を出してもらうことが目的です。日本の裁判というのは、ある法律が憲法に違反していると宣言してくれというだけでは裁判を受け付けてくれないんですね。抽象的な法律の違憲性審査を日本の裁判所は受け付けないというルールがありますので、何らかの具体的な権利侵害を理由とした金銭的な請求とセットにしないと憲法判断をしてもらえないという建付けなので、一〇〇万円の支払いを求めています。

極端なことを言えば、金額を一円にしても受け付けてもらえるわけですが、あんまり安くすると、あなた達の被った精神的苦痛って一円分だけなのというふうに誤解されても困りますので、精神的苦痛を償うための相当な金額として一〇〇万円を支払えという裁判をしています。原告が真に求めているのはお金ではなくて、違憲判断を裁判所に出してもらって、国会に同性婚の法律を作ってもらうことにあります。

裁判では、具体的に以下のような主張をしています。

まず、同性婚を認めていないことは憲法二四条一項に違反するという主張です。憲法二四条一項は、「婚姻は、両性の合意のみに基づいて成立し、夫婦が同等の権利を有することを基本として、相互の協力により、維持されなければならない」と規定しています。これは結婚の自由を保障した規定だと言われています。結婚の自由というのは、いつ誰と結婚するかについて、当事者が自由に決めることができるという権利のことです。男性と女性に関しては、いつ誰と結婚するかは自分で決められます。しかし同性の場合は、自分が結婚したい人と結婚できないということになりますから、この結婚の自由が侵害されているんだというのがまず一つ目の主張になります。

二つ目の主張は、憲法二四条二項に違反するというものです。憲法二四条二項は、「配偶者の選択や「婚姻および家族に関するその他の事項に関しては、法律は、個人の尊厳と両性の本質的平等に立脚して、制定されなければならない」と定める規定です。配偶者の選択を規定する法律は個人の尊厳と両性の平等に立脚して作らないといけないということになっていますので、個人の尊厳を無視したり、両性の平等に立脚しない法律は、憲法二四条二項に違反する違憲な法律ということになります。同性カップルが結婚できないというのは、まさにこの平等の問題ですし、個人の尊厳の問題でもありますので、自由に配偶者を選択できない現行法は憲法二四条二項に違反するというのが二つ目の主張になります。

三つ目の主張は、これは皆さんも聞いたことはあると思いますが、法の下の平等に違反するという主張です。憲法一四条一項は「すべて国民は、法のもとに平等であって、人種、信条、性別、社会的身分または門地により、（中略）差別されない」と規定されています。男女の場合は自由に結婚できる。同性愛者の場合は、好きになった相手と結婚できない。これは異性愛者と同性愛者の差別であるということで、この法の下の平等に違反するという主張もしています。

この裁判は国を相手にした裁判です。法律を変えるべきなのに変えていないというのは国の怠慢である、という理由で国に対して裁判をしています。被告となった国側がどういう反論をしているかと言いますと、婚姻は伝統的に生殖と密接に結びついているから、異性であることを前提とした制度であるという主張です。生殖というのは子どもを産むということです。婚姻は子どもを産む人のための制度で、同性カップルは生殖できないからその制度が使えないのは当然だ、というのが国の主張です。もうこの主張しかしていません。

ちなみに、これまでの全国の裁判で私達の側から出した資料と国の側から出てきた反論を、すべてインターネットで公開しています。「ＣＡＬＬ４　結婚の自由をすべての人に」で検索していただくか、ＱＲコードを読み取っていただくと裁判でどのようなやり取りがされているのかを詳しく見ていただくことができますので、興味がある方は見てみてください。

「結婚の自由をすべての人に」訴訟では、この時点で五つの判決が出されています。[*3]

最初に出されたのが、二〇二一年三月一七日に出された札幌地裁判決です。同性愛者に対しては、婚姻によって生じる法的効果の一部ですらも受けさせる手段がないことは不合理な差別であるということで、現行法は憲法一四条一項に違反すると裁判所は判断しました。私達の主張を裁判所が認めてくれたということになります。日本では法律が憲法に違反するという判決を出すことはとても珍しいのですが、札幌の裁判所はこのような画期的な判断をしてくれました。

二つ目に出されたのが、私が担当していた大阪地裁判決です。二〇二二年の六月に出されました。大阪地裁は、残念ながら憲法違反の判決をしてくれませんでした。現行法は憲法に違反しないという判断です。ただし、同性間の婚姻を認めることは憲法に違反しないということを指摘していて、別に改憲しなくても同性婚を導入することができるということを明記しているということと、今後の社会状況の変化によっては将来的に違憲になる可能性があるということに言及していますので、現状を放置しても構わないという判決ではありません。

三つ目に出されたのが、二〇二二年の一一月三〇日に出された東京地裁判決です。裁判所は、同性愛者がパートナーと家族になる法制度が存在しないことは、人格的生存に対する重大な脅威であり、障害であると指摘しました。そして、そのような状況を放置するのは、憲法二四条二項に違反する状態にあるという判断をしました。これも違憲判断をしたものです。

その次に出されたのが二〇二三年五月三〇日の名古屋地裁判決です。裁判所は、累計的に膨大な

＊3　現在までの間に、さらに東京地裁（二次）、札幌高裁、東京高裁、福岡高裁で判決が言い渡されました。いずれの判決も違憲判断が示されています。司法が国会に対して厳しい視線を向けていることがよくわかります。

数になる同性カップルが現在に至るまで長期間にわたって重大な人格的利益を受けることを妨げられているにもかかわらず、その状態を正当化するだけの具体的な反対利益は考えにくいから、現行法は、二四条二項と一四条一項に違反する、として違憲判決を出してくれました。「累計的に膨大な数になる同性カップルが」というのはどういうことかと言いますと、同性愛者は、別に最近になって増えたわけではなく、昔からずっと存在しているんですよね。今の婚姻制度ができたのは戦後間もない頃ですが、その民法ができてから約八〇年間、同性カップルは結婚することができなかった。その間に、結婚制度を利用することができなかった同性カップルは膨大な数に上る、これは放置できない、ということを名古屋地裁は言っています。

私はこの視点はすごく大事だと思っています。この裁判では原告の皆さんが名前や顔を出して訴訟をしていますが、それはせいぜい二、三十人なんですね。これは、日本で暮らす同性カップルの中のほんのほんのごく一部で、原告になれない、顔を出せない、名前を出せない当事者が山のようにいる。しかもそれは今の時代にいるだけじゃなくて、過去にもたくさんいたし、これからもそういう子どもが生まれ続けるんです。今日生まれた赤ちゃんの中の一定割合も、必ず将来同性婚をしたいと考える人がいるということです。名古屋地裁は、そういう原告になれなかった人に思いを馳せたのだと思います。この視点は、私はすごく重要だなと感じました。

その次に出たのが、二〇二三年六月八日の福岡地裁判決です。原告らが婚姻制度を利用できない不利益は、個人の尊厳に照らして到底見過ごすことができず、婚姻の実態や社会通念が変化していることなどから、現行法は個人の尊厳に立脚すべきものとする憲法二四条に違反する状態にあると言わざるを得ない、ということで福岡地裁もまた違憲判決をしてくれました。

今述べましたように、五つの判決のうち、四つが憲法違反の判断をしました。これは、戦後の憲法に関する裁判でも非常に稀な例です。裁判所はかなり深刻にこの問題を捉えていて、現状放置することは正当化できないというふうに考えていると理解できます。

ちなみに、日本の司法制度は三審制をとっていますので、地方裁判所、高等裁判所、最高裁判所、この三段階の裁判を受けることができます。四つの判決は違憲判決だったのですが、今すぐ作らないといけないということはどの裁判所も言ってくれなかったんですね。それは国会の広い裁量にゆだねられているという判決でした。その点に私達は不服があるということで控訴しています。

控訴というのは高等裁判所に判断をあおぐという意味です。今は、高等裁判所と地方裁判所で裁判が続いています。二〇二四年の三月一四日には、札幌高等裁判所と東京地方裁判所で同じ日に二つの判決が出されます。この日には必ず大きなニュースになります。札幌高等裁判所は初めて高等裁判所での判決になりますので、かなり大きな注目を集めるはずです。三月一四日はホワイトデーですね。皆さんぜひ覚えておいてください。

私が担当している大阪では、来年二月一四日に控訴審である大阪高裁での裁判があります。もう終盤戦に入ってきていまして、大阪高裁でも判決が見えてきた段階にあります。

皆さんは裁判の傍聴に行ったことはありますか？　裁判の傍聴は、誰でも自由にすることができます。事前予約は要りません。基本的に、服装はどんな格好でも大丈夫です。法廷への出入りも自由です。途中からガチャッと入ることもできますし、途中で抜けることもできます。本当にぶらりと立ち寄って傍聴することができます。この裁判に限らず、ぜひ傍聴に一回行ってみてください。

大阪高裁で裁判がある二月一四日も傍聴できます。傍聴席は一〇〇席ぐらいあります。ぶらりと立ち寄っていただいて、どのような裁判をしているか見ていただくことができます。興味があればぜひ見に来てください。先述しましたように、「CALL4　結婚の自由をすべての人に」というワードで調べてもらったら裁判情報も公開していますので、事前に調べてぜひ足を運んでいただきたいと思っています。

8　まとめ

最後に簡単なまとめをしたいと思います。社会は、どんな性のあり方でも尊重される方向に進んでいると私は思います。トランスジェンダーに対するバッシングとか、なかなか同性婚が認められない状況とか、そういう問題はあるんですけれども、この一〇年、二〇年を見ても、当事者の人が少しずつ生きやすい社会に向かっていることは間違いがないと思います。ですので、この中にもし身近に当事者の方がいるとか、自分は当事者であるという方がおられたら、長期的に見たら必ず生きやすい方向に向かっているということで、ぜひ希望を持っていただきたいと思います。

次に指摘したいのが、裁判所がＬＧＢＴＱの権利を積極的に保護しようとしているということです。国会とか行政は動きが遅いんですけれども、裁判所はＬＧＢＴＱの権利の問題を些細な問題だと捉えていないことがうかがえます。三権分立の一角を占める司法が積極的に考えていることには希望が持てます。あとは、政府と国会が実際に法律を作る、実際に法律を運用する。そういう段階に来ていると思います。

トランスジェンダーの権利と女性の権利は対立する権利ではないということも指摘しておきたいと思います。女性が生きやすい社会というのはもちろん大事です。ただトランスジェンダーが生きやすいという社会も大事です。これは、どちらかを犠牲にしないと達成できないということではなく、両立しうるものだと私は思っています。

同性婚は将来いつか必ず認められるということも指摘したいと思います。今のところ、近い将来に同性婚ができるという見通しはなかなか立ちませんが、長い目で見ると、一〇〇年後にはきっと同性婚はできる状態になっていると思います。ただ、だからといって現状を放置していいわけではありません。

私達の裁判でも、東京の原告さんが裁判の途中に病気で亡くなりました。その方はパートナーの方と一緒に原告になっていて、自分はパートナーの夫として最期を迎えたいと言っていたんですけれども、結局結婚できる社会を見ることなく亡くなってしまいました。しかも、病院では配偶者として扱ってもらえず、他人として扱われたそうで、面会もままならなかったそうです。

一〇〇年後に結婚できたらいいね、五〇年後に結婚できたらいいねという将来の問題ではなくて、今生きている同性カップルの問題なのです。今生きている同性カップルが、結婚できる社会を知らずに死んでいっているという問題なんですね。さらにいうと、今日生まれた赤ちゃんの中にも将来同性愛者になる人が必ず一定割合いますし、この差別をこの赤ちゃんたちの未来に残していいのかという問題でもあります。一刻の猶予もない問題だということもぜひ理解いただけたらなと思います。

同性婚実現のために一人一人に何ができるでしょうか。もし皆さんの中に同性婚の実現という理念に賛同してくださる方がおられたら、「結婚の自由をすべての人に」訴訟の情報を周りの方にシェアしていただくということも一つの方法ですし、こういう市民向けの講座に参加していただいたり、講座に友達と一緒に来ていただくということも大きな変化に繋がると思います。

私達は裁判とは別に「公益社団法人MARRIAGE FOR ALL JAPAN ——結婚の自由をすべての人に」、通称マリフォーという団体を立ち上げて、イベントやキャンペーンなどいろいろな企画をしていますので、検索してみてください。マリフォーのお手伝をしていただくのも一つの方法です。学生のインターンの方にもたくさん参加していただいていますので、そういう形でご協力いただくこともできます。同じ目的をお持ちの方がおられたら、同性婚の実現に向けて一緒に取り組みましょう。

ご清聴ありがとうございました。

（第37回花園大学人権週間・二〇二三年十二月七日）

「持続可能な開発のための教育（ＥＳＤ）」のあり方とその可能性
万人にとってのよりよい社会の実現をめざして

木村　裕

●自己紹介

木村です。こんばんは。よろしくお願いいたします。本日は、気楽にお付き合いいただければと思っております。

「持続可能な開発のための教育（ＥＳＤ）のあり方とその可能性」というテーマでお話しさせていただきます。私が勉強していることを皆さんに少しシェアさせていただいて、一緒に何かを考えていくきっかけになればと思っております。

ひとまず自己紹介をさせていただきます。私は、教育学の中でも教育方法学といいまして、例えば授業をどんなふうにつくっていくかとか、学校でどんなことを扱ったり、教えたり、一緒に学んだりすることが必要になってくるのかとか、あるいは評価ってどうしたらいいのかとか、そうしたことを扱う分野を勉強してきました。

私は、特に日本とオーストラリアにおける開発教育やグローバル教育、ＥＳＤと言われる教育活動に注目しています。平たく申しますと、全ての人にとってよりよい社会づくりに取り組むことのできる市民をどのように育てていけばよいのかということを、学校教育、特に、小学校・中学校・高校での取り組みをメインに考えてきました。

学校にはいろんな子どもたちがやってくるわけですので、その中には、「もっといい社会ってどういうものかな？」ということについて考えたり、興味を持ったりする子どもたちもいれば、環境についていろいろ関心があるといった子どもたちもいたり、逆にそういうことは全く考えたこともないという子どもたちもいます。

社会をつくっていこうとするとき、少しでもたくさんの人が関わっていくというのはすごく大事なことになろうかと思いますので、そういうことに興味のある子どもと興味のない子どもが一緒に学んでいる場で、どのようにして一緒にいろんなことを考えていくのかというのは、一つ大事なところかなと思っております。

なぜこうしたことに興味を持ち出したかということについて、自己紹介をもう少し続けさせていただきます。

先ほど、私は、オーストラリアの取り組みにも注目していると言いましたが、学生時代にバックパッカーとしてオーストラリアを時々訪れておりました。ご経験がおありの方もいらっしゃるかもしれないですが、例えばこの部屋の半分ぐらいのサイズの部屋に、二段ベッドが四つとか六つくらい置いてあって、そのうちのベッド一つと鍵が付けられる小さなロッカー一つを、一泊一〇〇〇円ほどで借りるというような、そんな感じの宿に泊まったりするわけですね。そうすると当然、全然知らない人といきなり「あ、どうも」とか言いながら出会って、自然に会話も生まれてきて、友達もできたりするのです。

その中で、日本でメディアを通したニュースを聞いていると、あの国と日本とは少し関係が難しいらしいというようなことを聞く国の方たちとも、当然その安宿で一緒になることもあります。ところが喋ってみると、なんかえらいええ人やん、みたいな形になってくる。大学生のときなので、本当に素朴な感覚でやり取りをしているのですが、そういった経験を重ねる中で、「国と国」となると難しいことでも、「人と人」とが繋がっていくと何かが変わるかもしれないとか、いい方向を一緒に考えていけるかもしれないとか、そうしたことを考えるようになりました。

大学生のときにそうしたことをいろいろと感じる経験を重ねるのと並行して、開発教育やグローバル教育といった教育活動に出会って、卒業論文から学び始めた、という流れです。なぜオーストラリアをやってるんだというのも、学生のときに一番よく行っていたのがオーストラリアだったからというのも一つの背景にあるわけです。

私が生まれて初めて行った外国もオーストラリアでした。中学生のときだったのですが、なんだかすごく人が温かいな、いい国だなという感覚を持って帰ってきました。それもあって、大学生になっていざバックパッカーをしたいなと思ったときに、オーストラリアが浮かびました。

そうした中で卒業論文を終え、大学院に上がって修士論文を書いていくというときに、テーマをどうするか悩むときもありました。そういう中でいろいろ調べていると、私が卒業論文で扱った開発教育やグローバル教育などに関する蓄積が、結構オーストラリアにはあるらしいということに気づきました。

あの当時、開発教育やグローバル教育に関する日本での研究は、イギリスをはじめとするヨーロッパやアメリカのものが中心で、オーストラリアはほとんど見られていませんでした。誰も見ていない、蓄積はある、さらに言えば研究としてオーストラリアにも行けるかもしれないというちょっとよこしまな心も含めてですね、オーストラリアに出会って、どっぷりと浸かりきって、かれこれもう一五年以上になったというところです。

ＥＳＤというのは、私が卒業論文や修士論文を書いているときには全く知らなかった言葉だったのですが、近年かなり日本の中でも広がってきました。これは、開発教育や環境教育と言われるものをベースに発展してきたという経緯もあるのですが、最近学校と関わらせていただくときには、ＥＳＤは学校の先生にとってもある意味わかりやすい用語だし、私にとっても語りやすい言葉になっています。

●本日のねらい

前置きが長くなりましたが、ここで、皆さんに少し考えてみていただきたいと思います。ワークシート内に示しました「学校とは…」に続く言葉を、皆さんだったらどのように考えられるかということをちょっとイメージしていただきたいと思います。「こんな感じ」ということで、先に例を出させていただきます。「学校とは、生きるために必要なことを学ぶところだ。なぜなら、いろんな内容を教えてもらったり、練習して身につけたりすることを求められる場所だから」。こういう感じで何かしら学校に対するイメージと、そうしたイメージを持つ理由を挙げていただきたいと思います。

先ほどの例は少しかたいかもしれませんので、もう少し柔らかく文学的に書いていただいても結構かと思います。試験などではございませんので、皆さんが学校に対してどのようなイメージを持っておられるのかというところを、少し表していただければと思います。二、三分取らせていただきますので、気楽に、思うがままに書いてみてください。

（参加者作業中）

では、書いていただいたことを近くの方と共有してみていただければと思います。あるいは、このままひっそり自分の胸にしまっておくという方は、もちろんそうしていただいても結構です。

（参加者共有中）

はい、どうでしょうか？こういうふうにしていただくと、どのような学校生活を送ってこられたのかが見えてきたりもしますよね。歩きまわりながら見せていただいた範囲では、ポジティブなイメージが強そうだなというのが、全体の傾向としてはあるように思いました。このまま二〇分ぐらいお話しをしていただきたいところではあるんですけれども、時間が限られていますので、よろしければ続きは本日の会の終了後に、お酒などを片手に喋るネタにしていただければと思います。

今日、私がこの後お話をさせていただこうと思っているのは、学校のあり方について、ESDを通すとどんなふうに考えていけるのかとか、あるいはそこで学校の先生や大人がどのような役割を担ったり、果たしたりしていくのかとか、そういったことになります。

詳しいことはまた後ほどご説明させていただきますが、ESDは、教育や学校の目的や役割などを少し見直してみるといったことが求められるところもあるかなと思っております。見直してみたり、あるいは今後どうしていこうかを考えるときに、一つの指針となる理念にもなり得るかなと思ったりもしております。

先ほど吉永先生からSDGsのことに少し触れていただいたのですが、近年、SDGsという言葉をいたるところで聞いたり、あるいは綺麗なカラフルなバッチを見る機会が増えたり、いろんなことがSDGsに絡めて語られている場面を見たりします。ああいった形で意識するきっかけがあるということ自体はもちろん素敵なことだなと思っているのですが、今回はそこも含めて、やや引いて見つつ考えてみたいなと思っております。

●SDGsとは何か

SDGs、持続可能な開発目標とは、二〇一六年から二〇三〇年までに、持続可能な世界の実現に向けて、世界の各国が協力をして達成していくべきものとして共有されているゴールになります。一七のゴールと一六九のターゲットがあるのですが、一つのポイントとして、いわゆる「開発途上国」だけではなくて、「先進国」も自分事として捉えてしっかり取り組んでいくことが大事だと言われております。しかも、政府だけが取り組めばよいとか、国際機関だけが頑張ればよいということではなくて、個人レベルでも、民間の企業や、学校なども含めた公的な場でも、さまざまなところで取り組んでいきましょうということが言われております。

このSDGsという言葉はよく出てくるのですが、そもそも持続可能な開発とは何なのかというところは、意外と語られることが少ないかなと思ったりもします。これもご紹介程度なのですが、持続可能な開発という考え方自体は、決して新しいものではありません。

この考え方が広がるきっかけだったと言われるのが、一九八七年の「ブルントラント報告」と呼ばれるものです。そこでは、「将来の世代の欲求を充たしつつ、現在の世代の欲求も満足させるような開発」(環境と開発に関する世界委員会『地球の未来を守るために』福武書店、一九八七年、六六頁)と書かれています。当時は環境問題などが大きくクローズアップされたときでもありました。非常に単純な言い方をしますと、例えば今の世代が、「豊かな」生活をするために石油をたくさん燃やして物をつくるとか、何かを運ぶとか、あるいは高速道路をつくるために森を開発するとか、エビの養殖をするといってサンゴ礁の地域を開発していくといったことを考えてみましょう。今の世代はそれである種の「豊かな」生活、これは物質的にという限定をかけた方がいいかもしれませんが、「豊かな」生活が送れるかもしれない。しかしそれをずっと続けていくと、五〇年後、一〇〇年後の世代は、例えばもう使える資源がなくなってしまうかもしれないとか、非常に劣悪な環境の中で生きざるを得ないという状況が生まれてくるかもしれない。そうするとその将来の世代が自分たちの望む社会をつくったり、生き方を実現したりする可能性を非常に狭めてしまうのではないか、という議論があって、やっぱり将来のことも考えながらいろいろと判断をしていく、社会をつくっていくことが大事なのではないか、そういったことが考えられるようになったわけです。

その後も、貧困や格差とか、環境破壊とか、いろんな問題が見られてきました。そして、こういう問題の解決なしには、いい社会、持続可能な社会はつくれないのではないかというところまでは、ある程度国際的な合意がなされてきたというところです。

ところで、「持続可能な社会ってどんな社会ですか?」とか、「そうした社会ってどのようにすれば実現することができますか?」ということを皆さんが問われたとしたら、どのように答えられるでしょうか?これ、やっぱり難しいんですよね。本当に間違いのない絶対的な答えが見つかっているとすれば、もう世界はそれに向かって進んでいるはずなのですが、なかなかそうはなっていない。だからこそ、こうしてＳＤＧｓというゴールを設定して取り組みをしっかり進めていこうといったことが言われているという部分もあるわけです。

そしてまた、答えは見つかっていない、でも解決はしないとまずい、というところもあるわけなので、一人ひとりが知恵を持ち寄って、議論するとか、協力するとか、そういったことが大事になってくる。そしてそれを誰が行うのですかと考えれば、それは「人」なわけですので、その意味で人を育てる「教育」について、非常に大きな期待がかけられたり、その可能性といったものが議論されたりしているわけです。後ほどまたお話しさせていただきますが、ESDというのは、こういった人を育てることをねらった教育活動とされているのです。

●ESDとは何か

SDGsあるいはESDに関することは、国連でもいろいろ議論されて進められています。注目をしていただきたいのは、ESDとは何かというところです。国連の決議文書を日本語にすると次のような内容です。「ESDというのは、質の高い教育に関するSDGの不可欠な要素であるとともに、他の全てのSDGsの実現の鍵である」(UN General Assembly Resolution 72/222 (2017))。どういうことかと申しますと、SDGsの目標の4が「教育」に関わるものになっていて、ESDという言葉は、この目標4に関わるターゲットの中の一つに出てきます。このように、「質の高い教育に関するSDGの不可欠な要素である」とは目標の4の大事な要素になってますよという話なのですが、あわせて、「他の全てのSDGsの実現の鍵である」とも書かれています。要するに、一つのターゲットにとどまるものではなくて、このＥＳＤにしっかりと取り組んでいくことが、全ての目標を達成する上でも非常に重要になってくる、ということが書かれているわけですね。決してＳＤＧｓの一部にとどまっているものではないというところを確認していただければと思います。

続いて、ＥＳＤとは何かということを説明いたします。日本ユネスコ国内委員会のサイトでは、今、世界にはいろんな問題がありますが、ＥＳＤとはこういう問題を自分に関係のある問題、自分の問題として捉えて、身近なところから取り組んでいくことで、問題の解決に繋がる新しい価値観とか行動の変容をもたらし、持続可能な社会な実現することを目指す、そういった学習教育活動です、というふうに書かれております（文部科学省のウェブサイト内にある日本ユネスコ国内委員会のＥＳＤに関するページ：https://www.mext.go.jp/unesco/004/1339970.htm（二〇二四年五月二二日確認）より）。

この定義の最後に、「ＥＳＤは持続可能な社会の創り手を育む教育です」という一文があります。ただこれだけだとご説明としてはややすっきりしすぎますので、いくつかポイントになるところをご紹介させていただこうと思います。

まず、人類の開発活動に起因するいろいろな問題があり、いわゆる地球的諸問題とかglobal issuesと呼ばれたりしています。気候変動とか、生物多様性の喪失だとかいろいろあるわけですが、こういった問題を大事なテーマとして取り上げ、焦点を当てていきます。この問題のポイントとしては、繰り返しのようになってしまうのですが、答えが見つかっていない、ただ、みんなで協力しないと解決は難しそうだというような、そういった特徴のある問題だというふうに考えていただくとよいかなと思います。

次のポイントは、答えの見つかっていない問題に取り組んでいくというところです。理解するということにとどまるのではなくて、実際に解決に向けて関わっていくところまでが目指されているということが、二つ目に共有させていただきたいところです。例えば、本を読んでいろんなことを知っている。それはそれでもちろん素晴らしいのですが、知っているだけでは解決できないというところですね。知った上で、それを使ってどうしていくかというところまでが、非常に重要なポイントになってくる教育活動なんだというところです。

次に、持続可能な社会の実現を目指してというところなのですが、社会づくりということがかなりしっかりと意識されています。一緒に社会をつくっていくというところが、大事な要素の一つにされているわけです。

もう少しこの辺りを深めてみたいと思います。主に環境教育に関する分野で、教育活動をどのような性質で分類できるかといったことを研究していた人たちがおりまして、大きく三つぐらいに分けられるのではないかと言われるようになりました。「○○についての教育」、「○○を通しての教育」、「○○のための教育」というものです。

一つ目の「○○についての教育」、「about の教育」というのは、いわゆる知識を身につけていくということをメインの目的にするような性質の教育です。そして「○○を通しての教育」、「through の教育」とか、あるいは「中」というので「in の教育」というふうに言われるときもありますが、これは平たく言いますと、いわゆる体験学習です。体験を通して何かを学んでいくということを大事にした教育活動のことを、「○○を通しての」とか、「○○の中での」教育というわけです。「○○のための教育」、「for の教育」というのは、問題解決とか、意思決定とか行動への参加といったことを求める、大切にするような教育活動のことを指します。このように分類されるわけですね。

そして、これまでの学校教育は、この一つ目と二つ目のものにかなり偏っていたのではないか、さらには、誰かが必要だと考えている知識とかスキルを身につけていくというところをかなり大事にしてきたんじゃないか、と考えられたわけですね。このこと自体がいけないというわけではないのですが、これだけをしていると結局他の人が大事だと言っていることを身につけるとか、教科書に書かれていることを身につける、そこで終わってしまいます。そうすると、そこから先へ、何か新しいものをつくっていくといったところになかなか繋がっていかないのではないか。だからこの三つ目の「for の教育」が、もう少し教育の中にしっかりと位置づけられていくことが大事ではないかというわけですね。

本日のテーマでもありますＥＳＤですが、Education for Sustainable Development、「for の教育」なわけです。だからやはり、何かを理解して終わるのではなくて、問題解決に向けていくというのが非常に重要になってくるというところを、こういった議論からもイメージしていただけるかなと思います。

とはいえ、問題解決をしますとか、何か意思決定をしますとか、解決に向けて行動を選んで取り組んでいきますというときに、知識や経験が全くない状態で、いい解決ができるのか？判断ができるのか？と考えると、やはり知識は必要です。したがって、決して「for の教育」だけが大事という話ではなくて、この三つをきちんと、例えば学校のカリキュラムの中に位置づけていくということが重要になります。

「〇〇についての教育」と「〇〇を通しての教育」の二つの教育活動をすることで、「for の教育」を充実させていく。あるいは逆に、「for の教育」で問題解決のためにいろんなことに取り組んでみると、自分はここがよくわかっていないからまだうまく解決できないなどということに気づいて、ここの知識を得るためにこれを調べてみようとか、勉強してみようというかたちで、二つの教育に繋げていくこともあり得ると思います。

くどいようですが、例えば、学校教育で行われている教育活動をこの三つの分類に沿って見たときに、一つ目と二つ目ばかりが重視されるものになってしまってはまずいだろうということと、そうかといって解決のためにみんなでとにかく話し合いましょうとか、みんなでやってみましょうということばかりが重視されていくというのもまずいのではないかと思います。全体を俯瞰して、どういった教育活動を考えていくのかといったことが改めて問われてくるのだと思います。

●ＥＳＤの要点

ではここで、皆さんに考えていただこうと思います。ちょっと周りを見渡していただいて、何か

「これ、世界と繋がっているな」と感じられるものはありますでしょうか？（参加者考え中）全く見つからなかったか、一つか二つぐらいは見つかったか、余裕で一〇個以上見つかったか、その辺りで伺ってみたいと思います。

ここで考えていただきたいのは、例えば、「これは何から作られていますでしょうか？」「どのようにしてここまで運ばれてきたでしょうか？」ということです。皆さんが今着ておられる服を見ていただいても、一〇〇％メイドインジャパンということはまず考えにくいと思いますし、仮に日本で作られた原材料だけを使って日本の工場で作られていたとしても、そこで使われている機械が何で動いているかと考えると、石油と繋がってくるかもしれません。工場で作られたものがお店に運ばれてくるときに車を使ったかな、飛行機を使ったかな、というふうにいろいろ考えていくと、ほとんどのものは世界と繋がっているんですね。このように考えていくと、身の回りのものは全てと言っていいぐらいに繋がっているはずなんです。

ＥＳＤではいわゆる地球的な課題に取り組みますよ、というところを先ほどご紹介させていただいたのですが、今お話をさせていただいたようなところを踏まえると、「グローバル」だからと言って、他の国についての学習だ、みたいに決まっているわけではない。それがあってもいいのですが、それだけではないということなのです。あるいは「国際的な」問題についての教育とか学習だけには限定されないというところですね。

こうして身近なものが世界と繋がっていることが見えてきたときに、例えば結構リーズナブルな値段で売られている服について、当然その値段の中には、原材料の費用から人件費から輸送費から、さらに言えば店の照明とか、そういったものに関する費用まで全部含まれての値段だと考えていくと、その服をつくるためにすごく安い賃金で働いてくださっている方がいるかもしれないということに、少し意識が向いていく。そうすると、自分が今何気なく使っているもの、着ているものというのが、実は遠く離れた国の人の貧困の問題などとも繋がってくるかもしれない。そういった形で見ていくというのが、ESDにおいてすごく重要なポイントの一つになってきます。

つまり、自分と世界との関わりにきちんと目を向けていけるかどうかということです。問題の原因や解決について考える際に、自分と繋がっている、自分とも関係のある問題だと捉えていく。繋がっている、自分にも何かできるかもしれないというところにしっかりと意識を向けていけるような学習活動を展開していく。そういったところがESDの一つのポイントになってくるわけです。

SDGsやESDと言ったときに、環境のことについて勉強したからうちはESDに取り組んでいますとか、SDGsについて頑張っているんです、といった語りも少なからず聞かれますし、そういった実践も見られます。それを否定する気はないのですが、それだけではないのではないですか、少し考え直さなければならないのではないですか、ということをご提案させていただこうと思いました。

先ほど日本ユネスコ国内委員会によるESDの定義を紹介いたしましたが、そこには「現代社会の問題を自らの問題として主体的に捉え」という文言があるんですね。「自分事として捉える」といった言葉で語られるときも多いのですが、先ほど申し上げましたように、グローバルな問題が実はこういった形で自分と繋がっているんだなというところをしっかりと意識して取り組めるかどうかというところが、一つ大事なポイントになってくると考えられるわけです。

ここからまたワークシートを使って、皆さんに書いていただきたいと思います。まず、ワークシートの四角の中に「貧困」と書いていただけますでしょうか。次に、「貧困」という問題、課題が原因となって生まれてきそうな新たな問題、課題とは何かを考えて書いたうえで、矢印で繋いでいただきたいと思います。例えば、「貧困」を原因にして、衛生状態が悪化するといった課題が生まれてくるのではないか。同じ要領で、この衛生状態の悪化という問題が起きたら、これが原因になって次にどんなことが起こりそうか。病気が発生するかもしれない。病気にかかる人が増えるかもしれない。同じ要領で、働けない人が出てくるのではないか。それがまた貧困を生み出すのではないかというような形で、できるだけたくさん矢印を引っ張ってみていただきたいと思います。思いつく範囲でもちろん結構です。別に正解があるものでもありませんので、イメージを少し出してみていただければと思います。

（参加者作業中）

できているところまでで結構ですので、よろしければ近くの方とどんなイメージが出たかを共有してみていただければと思います。このままひたすら書き続けたいという方はそうしていただいても結構です。

（参加者共有中）

ではそろそろ戻ってきてください。学校の授業ですと、例えばあるテーマの調べ学習をする前にこのように一回書き出しておいて、いろんなことを調べたあとにもう一回行ってみたらこんなに増えた、知っていること、見えているものが増えたなというところを確認したりすることもありますが、皆さんは最初からすごく書いてくださっていました。どんなご意見が出てきたかを伺ってみたいところでもあるのですが、なぜこれをしていただいたかというところに進んでいこうと思います。

皆さんがいろいろ書いてくださっているので今さらという感じですが、例えば、こんなのもありかなということで私が考えたことを例示させていただきます（例をスライドで提示）。決してこれが正解ということではなく、あくまで一例なのですが、かなりいろんな問題が絡まり合っているということを見て取っていただけるかなと思います。この例でいきますと、貧困の問題を軸にしながら、例えば健康の問題との関わりがありそうだとか、福祉の問題とも関わるのではないか、平和の問題、教育の問題、いろんなものが関わってきそうだというところをイメージしていただけるかなと思います。

先ほど、ＳＤＧｓの一七の目標のキーワードについて少しお話しいたしました。ここで何をお伝えしたいかというと、ＳＤＧｓとはどれか一つだけを切り取って扱える問題ではないですよというところです。ものすごくいろんなものが複雑に絡まり合っている。だからこそ非常に解決が難しい。

すごく極端な例ですが、環境破壊を完全に止めようと思って、人間のさまざまな生活をストップさせるということを行ってしまうと、今度は人の健康の話がどうなってくるのか、あるいはインフラ整備のことをどう考えたらいいかというふうに、なかなか両立しないような課題がいろいろ出てきたりするというのが、ＳＤＧｓの一つの特徴なわけです。そのため、ＳＤＧｓの達成に向けて進んでいく、取り組んでいくというところを考えたＥＳＤも、何か特定の課題、問題のみについての教育とか学習ではないというところを確認させていただきたいと思った次第です。

ご存知の方もいらっしゃるかもしれませんが、ユネスコスクールというものがあります。これはいわゆるユネスコの考え方をしっかりと実現していくことを目指す学校で、いろんな基準をクリアすることで認定されます。今、日本の中には一〇〇〇校を超えたユネスコスクールがあって、世界中のユネスコスクールの一割ぐらいを日本の学校が占めているというデータがあります。

ただ、決して特定の学校を頭に置いて喋るわけではないのですが、そのユネスコスクールであったり、そうでない学校も含めて、ＳＤＧｓに取り組んでいます、ＥＳＤをやっています、という学校は非常に多いのですが、蓋を開けてみると、環境問題について調べ学習を行っているからＳＤＧｓに取り組んでいるんですとか、うちは総合学習で福祉の問題についていろんなことを調べて発表もしました、だからＳＤＧｓのことに一生懸命取り組んでいるんです、といった学校もあります。間違いではないかもしれませんが、そこでの扱われ方が、今お伝えしたような、問題同士が複雑に絡んでいるところをしっかりと見据えずに、環境のテーマについて行ったから、みたいなことだけで終わってしまっているとすると、これはちょっとよろしくないのではないかというところです。

それからＳＤＧｓというのはあくまでわかりやすくするために便宜的に切り分けて設定しているという側面もありますので、特定のものだけを取り出すということが本来はできないような性質のものなわけです。そのため、やはり教育活動を考えていくときに問題が複雑に絡んでいるんだということや、いろんな側面から問題を捉えていく、解決策を考えていくというところにしっかりと意識を向けさせられるかどうか、一緒に考えていけるかどうかというところが、ＥＳＤのポイントの一つになってくるというのが、ここでお伝えをしたかったことになります。

一七のキーワードも出て、アイコンもあると、アイコンを当てはめて、この取り組みはこのゴールと繋がっていますと示すというのは、行いやすいですし認知度を高めて取り組みを広げていくという意味ではすごく重要な手段だとは思います。けれども、こういった本質を捉えないままに扱ってしまうと、解決するのが非常に難しくなってしまうというのも事実です。この複雑さをしっかり意識できるようにしていく、その上で解決策を考えていく、取り組んでいくということが大事になってくるのではないかというところですね。

●ＥＳＤの国際的な動向と日本の学校教育における位置づけ

少しかたい話に戻りますが、ＥＳＤを巡る国際的な動向について、概要を見ていこうと思います。

二〇〇五年に国連の「ＥＳＤの一〇年」というものがスタートしました。国連に関わる国々がＥＳ

Dにしっかりと取り組んでいきましょうというものです。これを提案したのが日本だったということもあって、日本の中でESDに取り組んでいく大きな動きが生まれてきました。

この「ESDの一〇年」からスタートしまして、「一〇年」を終えたあと、「ESDに関するグローバル・アクション・プログラム（Global Action Programme）」、頭文字をとってGAPと呼ばれたりもしていますが、これが進められ、そして現在は「SDGs実現に向けて」ということでさらに取り組みが進められているところです。ここだけ見ても、二〇〇五年から二〇三〇年までの二五年間、四半世紀の取り組みが国際的にも推進されていることが分かります。

こうした動きとも関連して、日本の学校教育にも動きが見られました。学校教育にお詳しい方はご存知かと思うのですが、学習指導要領という、国の教育活動に関するガイドラインのようなものが示されるわけですが、二〇一七年・二〇一八年に告示された学習指導要領には、初めて「前文」がつけられました。学習指導要領を改定するにあたっての基本的な考え方を、できるだけわかりやすくいろんな人に伝えるためにつくられたのが前文です。この前文の中で、子どもたちが持続可能な社会の創り手となることができるようにすることがこれからの学校教育には求められますよ、ということが書かれました。全く同じ文言が小学校、中学校、高校にわたって書かれています。

さらには、幼稚園にも幼稚園教育要領という、小学校以上でいう学習指導要領にあたるものがつくられているのですが、こちらにも前文がつけられました。子どもたちに持続可能な社会の創り手となることができるようにするための基礎を培うということで、小学校以上のものとは少し表現が違うのですが、非常に似た文言が書かれています。ここからもお分かりいただけるかと思うのですが、ＳＤＧｓを扱うとか、ＥＳＤに取り組むというのは、特定の学年、年齢層の子どもたちだけを対象にしているというものではなく、幼児期の子どもから高校を卒業するまで、さらに言えば当然大学生や社会人も含めてですが、あらゆる年齢層の人たちを対象に議論されているのだということを確認させていただければと思います。

●教育を問い直すものとしてのＥＳＤ

少しかたい話が続きましたので、またちょっとクイズをしたいと思います。これはある看板です。ウサギとカンガルーと書いてありますが、何の看板でしょうか？ご自由に近くの方と、ああじゃないかこうじゃないかと言っていただければと思います。もちろんお一人でじっくり考えていただいても結構です。

（参加者歓談をしながら考え中）

いかがでしょうか？「遊ぶ場所を示しているのではないか？」とか、「飛び出し注意じゃないか？」とかですね、あるいは「食べるんじゃないか？」というお声もチラっと聞こえましたけれども、いかがでしょうか？

同じ看板ですけれども、少し引いて撮った写真を出してみようと思います。これでいかがでしょうか？先ほどの推理はやはり当たっているという認識になりましたでしょうか？あるいは何か違っているど感じられましたでしょうか？

さらにもう少し引いた写真を出してみようと思います。そう、これはお肉屋さんです。正解された方、見事ですね。オーストラリアではスーパーに行くと、オージービーフがあり、その横に例えばポークが並び、ラムが並び、チキンが並び、その横にカンガルーが並び、というぐらいに、カンガルーは意外と食べられています。この写真に写っているのは、いわゆるジビエのお店ですね。なぜこんなクイズをしたのかは、後でお話しします。

もう一つ考えてみてください。お風呂にお湯を張って洗面器を浮かべています。小さい子どもといろいろ話をしているところをイメージしてください。この洗面器、今は空っぽで浮いているのですが、これをお湯の中に完全につけてしまいます。「この後、手を離したらどうなると思う？」と、皆さんが子どもに聞いてみたと想像してください。子どもは「え？浮くで」と言いました。どういう反応されますか？（参加者）「やってみたら？」。なるほど、「やってみたら？」いいですね。お気持ちとしてはどうですか。浮くと思われて聞いてみますか？それとも、いや沈むだろうけれども見せた方が分かりやすい、納得するだろうなという感じでしょうか。（参加者）「浮いてはいたけど、水が入るとちょっと私もわからないから、ちょっとやってみよう。一緒に確かめよう、みたいな感じ」。なるほど、なるほど、ありがとうございます。

他のお考えの方はいらっしゃいますか。皆さん、「完全にどうなるかわからないから試してみよう」でよろしいでしょうか？（参加者）「子どもが浮くでって言ったら、やったことあるの？って言うんですけど」。なるほど、なるほど。（参加者）「僕はひっくり返して空気をハって出すのが面白いから、それ試して遊んでみたら？って言う」。なるほど、なるほど。きっと盛り上がりますね。ありがとうございます。他にもおありでしょうか？（参加者）「まだ一九なんで覚えてるんですけど。浮くんですね」。なるほど、浮きましたか。ありがとうございます。

もうちょっと聞いてみたいところですが、やってみましょう。こちらの動画を見てください。今沈めています。完全につかりまして、手を放してみます。ひっくり返って浮いてきましたね。ボコッとはならなかったんですけど、浮いてきました。いかがですか？皆さんの、例えばこれまで使ってこられた洗面器だとどうだったかな、などもちょっと考えてみていただきたいなと思います。

さらにもう一つ、「カマキリ」と「バッタ」は仲間でしょうか？「仲間だ」か「仲間ではない」の基本的にはどちらかですけれども、仲間だと思われる方はいかがでしょうか？ 仲間ではないと思われる方はいかがでしょうか？

（参加者挙手）

ありがとうございます。理由を伺ってもよろしいでしょうか？仲間だと思われた方はなぜ仲間だと思いましたか？（参加者）「昆虫っていうことであったり、ある程度共通点があるっていう意味では仲間。ただ種類別とかっていう、視点によっては仲間ではないっていう判断になる」。なるほど、なるほど。理科的な分類でもって考えたときに、仲間にもなり得るし、仲間ではないということもあり得るんじゃないかということですね。なるほど。素晴らしいですね。

仲間だと思われる方で、他の理由を考えたという方はいらっしゃいますか？お願いします。（参加者）「名前忘れちゃったんですけれど、卵から生まれたときから大人になるまで同じ形だっていうところで仲間なのかな？って」。「不完全変態」といわれるものでしょうか。なるほど、なるほど。これまた非常に賢い概念が出てきました。ありがとうございます。

逆に仲間ではないと思われた方、よければ理由を教えていただけたらと思います。（参加者）「本人たちは絶対に仲間ではないと思っている」。なるほど、相手の立場に立つ。素晴らしいですね。ありがとうございます。他の理由を何か考えられた方はいらっしゃいますか？（参加者）「草を食べるのと、草食と肉食で。仲間かどうかって言われたら、やっぱりどういう視点で見るかによって違う」。なるほど、ありがとうございます。確かにね。カマキリすごいですよね、あんなに大きいバッタを捕まえるんだなとか、去年の夏に歩き回っていたら、アブラゼミを捕まえているカマキリとか見まして、なかなか衝撃でした。

この話題について、とある年中さんと喋ってたときに、「絶対仲間ちゃうで」と言われました。なぜかと聞いてみたら、「仲間やったら仲良くするやん」と。私は、確かにそうだなと思いながら聞いていました。

なぜこんな、三つも訳のわからないクイズのようなものにお付き合いいただいたかと言いますと、ＥＳＤでは、いわゆる地球的な課題に取り組んでいく、解決に向けて取り組んでいくということでしたが、やはり答えがあるわけではないので、大人が子どもに対して教えるということだけでは上手くいかないというのが、一つ大きな特徴になってくるわけです。年長者だから常に年少者よりも物を知っているとか、伝えられる、教えられるとは限らない。

先ほどのように科学的な知識でもって考えることは非常に大事な視点です。けれども、そういった枠組みを持つとそういうふうに物は見えてくるし、考えることもできるようになってくるわけですが、ときとしてそういう見方に縛られてしまって、別の枠組みで考えることが難しくなってしまうという側面も出てくるわけですね。

でも、そうした枠組みを、意外と子どものアイディアがすっと突破してしまうときもあったりする。だから、例えば大人の持っている見方や考え方が絶対に正しくて、子どもの言うことからは何も学べないとか、全然経験がないから話をしても何も出てこないだろうみたいな発想、構えでもって関わるのではなく、お互いが重ねてきた経験とかいろんな思いがある中で、それを出し合っていくことで新たな見方ができてくるかもしれない、それが新しい解決策を考えるというところに繋がっていくかもしれない、そういったところがすごく重要になってくるわけです。

したがって、ESDには、何かを教えるとか、経験させる、調べ学習をさせる、そしてここに到達してほしいという、教師のコーディネートだけでは完結できない、実現できないという部分があるわけです。だから、学び合うとか、ともに成長するといったことが重要になってくるわけです。

先ほどジビエ屋さんの看板の写真を見ていただいたのですが、最初、あの看板だけで見ると非常に意見が割れて、こうかな、いやそんなのあり得るかな、確かにあり得るかもしれないな、みたいいに出てきていたわけですが、やっぱり人間は、自分が持っている知識や経験に基づいて物事を判断する、解釈するというところが強いので、先ほどのような形で行うことによって、例えばその人が何をこれまでに経験してきたかとか、知識として持ってきたかとか、そういったことが結構見えてくる。それが他の人と違うなというところで、自分はこういう見方をする人だったんだとか、こういう他の見方もあるんだなといったことに気づいていく。そういうお互いの価値観に気づくことを通してまた新しい価値観を生み出していくというのも、ポイントの一つとして出てくるわけです。日本ユネスコ国内委員会の定義では、「新たな価値観や行動等の変容をもたらし」と書いてあるわけですが、今お話をさせていただいたようなところが、学習を進めていく上でも非常に大事なポイントの一つになってきます。

私は教育学を専攻しておりますので、少しだけかたい言葉をあてはめてみようと思います。「カリキュラム」はよく使われる言葉かと思います。いろんな考え方はあるのですが、「顕在的カリキュラム」と「潜在的カリキュラム」に分ける考え方があります。潜在的カリキュラムというのは、厳密に言うとやや意味合いが違って使われたりもするのですが、もう少し柔らかく「隠れたカリキュラム」と言われたりもします。

この「顕在的」の方は、読んで字の如く、これが大事ですよとか、これを扱いますよということを、教師の側が、あるいは教科書とかを通してきちっと示しながら学習者に伝えていくとか、一緒に学んでいくような内容のことを言います。当然、そうして授業を通して習うと、学習者はそれを身につけるという形で学習を進めていくという側面があります。

もう一つ、潜在的カリキュラム、隠れたカリキュラムと言われるものが、実は人間の発達とか形成にとって大きな影響を及ぼしているのではないかということも言われてきました。何なのかと言いますと、よく例に出すのが道徳の授業です。

「正解はないから、みんな自由に思ったことを発表したらいいんだよ」というふうに先生がおっしゃったうえで、「さあ、みんなどんなこと書いたかな？発表してくれる？」と先生が尋ねられたとします。「はい、誰々さん」と指名して子どもに答えてもらったときに、先生が欲しかった答えとちょっと違っていたりすると、一瞬、間があいて、「あぁ、そういう意見もあるよね、いいね、いいね」とおっしゃり、「次は、誰々さん」と指名したときに、そのものズバリのことを言ってくれたりすると、すかさず「そうだよね！」みたいな反応をする。

これは少々極端な例ですが、そういったことを繰り返していくと、言葉では道徳って正解はないんだから自由に自分の考えを言っていいんだよと言われても、これが顕在的カリキュラムですね、先生のちょっとした声のトーンだとか、表情だとか、そういったものでもって、いくら自由に言ってもいいよと言われたときでも、先生が持っている答え、思っている答えに近いものを書いたり言ったりしておく方が無難なんだなとか、そうしておくことでお互いに気持ちよく進むんだな、といったことを子どもが学んでいく、ということがあり得たりするわけです。このようなものが潜在的カリキュラムと言われるものの一例です。教育活動を考えるとき、カリキュラムを考えるときに、この潜在的カリキュラムの影響を無視してはならないだろうというところがあるわけです。

●今後に向けて

こうしたことを頭に置いたときに、今後に向けて、いろいろと、学校教育、あるいは教育活動全般を考え直すことが必要になってくるのではないかと思います。

一つ目が「授業づくり」「カリキュラム開発」「学校づくり」です。ＥＳＤの文脈で結構よく使われる言葉に、「ホールスクールアプローチ」とか「ホールインスティテューションアプローチ」と言われるものがあります。これは、「学校丸ごとで」とか、「機関丸ごとで」の取り組みという意味です。

ＥＳＤをしっかりと進めていこうとすると、先ほどちょっと考えていただいたように、例えば先生の振る舞いとか、あるいは先生と子どもの関係のつくり方なども、やはり「教える－教えられる」といった関係だけではいけないだろうということが出てきます。あるいは組織の中での意思決定の仕方が常にトップダウンになってしまっていたりすると、これはやはりいろんな価値観をしっかりと受け止めて、一緒に新しい価値観をつくっていくといったことにはそぐわないわけですよね。誰かの価値観でもって決められていってしまう。これは、ＥＳＤを進めていく上では、やはり違うあり方だと思います。

あるいは、授業の中では環境を守ることが大事と言いながら、いざ学校の様子を見てみると、電気をつけっぱなしのところが多いとか、紙の無駄遣いをしているとかがあるとすれば、これもまたちょっと違うのではないでしょうか。しっかりとESDに取り組んでいく、あるいはSDGsについてしっかりと扱っていくということは、授業などの中で何を扱うかということに留まりません。その学習活動や生活自体がどういう環境で行われているのかといったところも併せて考えていく必要があるのではないかというのが、「授業づくり」「カリキュラム開発」「学校づくり」のところでお話をさせていただきたかったところです。

そのように考えると、例えばカリキュラム自体は結構SDGsのことを扱っているけれども、授業の様子を見ていたら、先生が必要だと考えることをとにかく教えようとされている、といったことになったらどうでしょうか。くどいようですが、教えることがいけないわけではないのです。必要なこと、大事なことをしっかりと教えるのは、知識をしっかりと身につけることにも繋がってきますので大事なのですが、それだけで終わってしまっているとするとどうなのか、という話です。また、いろんなことが上層部の人たちだけで決められて、それをもう否応なく進めなさいといった形で動いてしまっているといったことが起きていないかどうかを確認することも必要になってくるわけです。

次に、「ファシリテーター」「コーディネーター」「協働探究者」としての教師の役割について説明いたします。この「教師」という部分は、例えば学校外でしたら「大人」と読み替えていただいたり、あるいは会社などでしたら「上司」というふうに読み替えていただいたりしてもいいかもしれません。何かを教える、伝えるという役割だけではなくて、一緒に考えていくとか、それぞれの子どもが持っている経験や知識をうまく引き出していくとか、そういった役割も求められてくるのではないでしょうか。

最後に、「社会づくりの拠点としての学校の役割」についてお話しします。学校と社会が繋がるということは当然これまでも大事にされてきたのですが、何のために学校外の方が学校の中に来られるのかを考えてみると、先生が教えられないことや専門ではないことを、学校外の専門の方に来ていただいて語ってもらい、それを子どもたちが学習していくという形で取り組まれているところもあったのではないかと思います。もちろんそれが悪いと言っているわけではありません。ただ、ESDの視点から見てみると、それだけだともったいないのではないかというところです。

先ほどからお伝えしていますように、子どもが面白いアイディアを持ってくるかもしれないとか、調べていく中で大人も気づいていなかったことに目を向けているかもしれないと考えれば、そういったものを学校外の方も含めてさまざまな方に向けて発信しながら、どのような社会をつくっていったらいいか、地域をつくっていったらいいか、みたいなことを一緒に考えていく場としても、学校の役割を考えていけるのではないかと思います。そういったことをSDGsやESDは提案しているという部分もあるのではないかということを考えてみていただければと思った次第です。

今お話しさせていただいたようなところを踏まえて、本日の会のはじめに皆さんがワークシートに書いてくださった「学校とは…」のところを見直してみていただいたときに、今まで持っておられたイメージがどういうものだったのか、これからもそのイメージでいくという形がよさそうなのか、何か少し考え直す、捉え直すという部分があってもよさそうなのか、などを少しご検討いただけると嬉しいなと思ったりしております。

本日は人権教育研究会ということで、最後に「人権教育」に繋げてみます。人権教育について私もそんなに詳しくないので偉そうなことは言えないですが、やはり人権の考え方とか範囲といったもの自体も、当然時代によって変わったり広がったりするものです。「人権がしっかりと守られたよい社会とはどういうものですか」とか、「どのようにしてその社会を実現していけますか」と考えていくと、まさにこのESDやSDGsの議論に当てはまってくる部分もあるのかなと思うわけです。少しでもそういったところに繋がっていくといいなと思いながら、今回の内容を考えさせていただきました。

今後もこうしたことを考えながら、私はいろいろ取り組んでいきたいなと思っております。本日はどうもありがとうございました。

【参考文献】
木村裕（二〇一四）『オーストラリアのグローバル教育の理論と実践——開発教育研究の継承と新たな展開』東信堂。
木村裕（二〇二二）「持続可能な開発のための教育の教育課程と教育評価」木村裕、古田薫編著『教育課程論・

教育評価論』ミネルヴァ書房、七七–九一頁。

木村裕編著（二〇二二）『中学校 全教科・教科外で取り組むＳＤＧｓ――ＥＳＤの実践づくりの要点とアイディア』学事出版。

田中治彦、那須正裕、藤原孝章編著（二〇一九）『ＳＤＧｓカリキュラムの創造――ＥＳＤから広がる持続可能な未来』学文社。

手島利夫（二〇一七）『学校発・ＥＳＤの学び』教育出版。

永田佳之編著・監訳、曽我幸代編著・訳（二〇一七）『新たな時代のＥＳＤ　サスティナブルな学校を創ろう――世界のホールスクールから学ぶ』明石書店。

永田佳之編著（二〇一九）『気候変動の時代を生きる――持続可能な未来へ導く教育フロンティア』山川出版社。
※本稿は、ＪＳＰＳ科研費 20K02489 の助成を受けて行った研究の成果の一部である。

（花園大学人権教育研究会第123回例会・二〇二四年五月二十二日）

心理学者ヴィゴツキーのユダヤ人としての苦悩と克服

伊藤美和子

●1　なぜヴィゴツキーの学説は魅力的なのか

（1）はじめに

この度は例会に登壇するという貴重な機会をくださり、ありがとうございました。初めに自己紹介をいたします。私は、今日紹介しますヴィゴツキーの心理学説を学問的な柱として、言語習得論と保育学研究に従事しています。大学生のときにヴィゴツキーの著作に出遭って以来、ずっと彼の学説に新しいものを感じています。今は、二〇一八年に初めて公開されたヴィゴツキーの手記を翻訳しているところです。自分用に書かれた覚書なので、訳すのは大変難しいのですが、ヴィゴツキーの声を世に届けるために奮闘しています。今日は一九世紀から二〇世紀初頭までの東欧・ロシアの歴史的背景を踏まえながら、ヴィゴツキーのユダヤ人としての苦悩、そして克服までをお話しさせていただきます。

「発達の最近接領域」や「内言論」で知られるヴィゴツキーは二〇世紀初頭、ソ連で活躍した心理学者です。三七歳で夭逝した後、彼の著作は発禁処分とされていましたが、一九六〇年代にソ連国内で出版が再開され、一九九〇年代に欧米で再評価がすすみ、学術領域だけでなく教育の場にも大きな影響を及ぼすようになりました。

ヴィゴツキーの人生はその著作の運命以上に、波乱に満ちたものでした。帝国ロシアの支配下にあった現ベラルーシの地方都市でユダヤ人として生まれた彼は、激動の歴史、強大な権力と複雑で悪辣な社会的状況に置かれ、苦難の道のりを歩んでいたのです。本例会では心理学者として身を立てるまでの若きヴィゴツキーの苦悩を、彼の手記とロシア文学に描かれるユダヤ人像を中心に描出していく予定です。

今回、私が扱うテーマは、ロシア、イスラエルと戦火が燃え盛る両地域と図らずも関連しています。スケールが大きく根深い問題ですが、ヴィゴツキーの評伝と関係する範囲で参加者の方と理解を深めたいと思います。

本題に入る前に、一つお願いがあります。本日取り上げる文学作品において、現在の人権の点では不適切な表現が出てきます。しかしそれは、これから私がお話しする時代にユダヤ人がどのように扱われていたのか、描写されていたのかということを知る上で必要ですので、表現を現代風に変形させることなく、原文の表現を使っていきます。この点、どうぞご理解いただきたくお願いします。

(2) 心理学者ヴィゴツキー

次に簡単にヴィゴツキーの生涯と功績に触れておきたいと思います。[1] ヴィゴツキーの本名はレフ・セミョーノヴィッチ・ヴィゴツキーといいます。彼は一八九六年にベラルーシの地方都市オルシャのユダヤ人家庭に生まれました。能力が認められ一九二四年、二七歳の時にモスクワの心理学研究所に呼ばれて勤務するようになり、一〇年後の一九三四年には結核のため三七歳で夭逝します。その短い学究生活の中で、芸術心理学、教育心理学、障害学、実験心理学、児童学、医学など多岐にわたる分野で一〇〇以上の著作や論文を残しています。しかし死後、彼の著作は、児童学批判という政治的圧力のため、発禁処分に遭います。

この児童学というのは、新しい時代を担う人材を育成するために、心理学や医学や教育学など複数の領域の新しい科学的知見を集積してつくっていった、新しい領域です。政府主導で始まったのですが、時一九三六年になると、児童学は共産党の委員会によって弾圧されてしまいます。似非科学だと弾劾され、児童学そのものが消滅します。子どもの発達と教育に関心をもっていたヴィゴツキーは児童学に関する研究をしていたので、彼の死後になりますが、ヴィゴツキーの著作は全て発禁処分に遭います。

しかしヴィゴツキーの著作は日本やアメリカの研究者の手にすでにわたっていて、一九六〇年代に翻訳・出版されます。なぜかというと、一九五七年にソ連が人類初の人工衛星打ち上げに成功し、西側世界に衝撃を与えたスプートニク・ショックという事件があり、科学教育に力をいれた教育改革を求める声が高まったからです。発達を先導する教育の役割を強調したヴィゴツキーに注目が集まり、ソ連では発禁処分だった彼の著作が翻訳され、参照されたのです。

ソ連ではどうなったかといいますと、一九五〇年代の後半に、皆さんご存知のとおり、フルシチョフによるスターリン批判がなされ、雪解けの時代が始まる。一九六五年になってようやくヴィゴツキーの『芸術心理学』が、一九八〇年代にはヴィゴツキーの著作集が出版され、ヴィゴツキー研究が盛んになっていきます。さらに一九九〇年代から欧米でヴィゴツキーの再評価が始まり、現在に至りました。

(3) 広くインパクトを与えた「発達の最近接領域」

ヴィゴツキーの学説の一つ、「発達の最近接領域」を紹介したいと思います。ヴィゴツキーは、その当時あった知能テストを批判します。なぜ批判したかというと、知能テストというのは、子どもが一人でできることしか測定していないからです。そして教員を果樹園の園丁に喩え、果樹園の園丁は、これからどれくらい実がなるかを測定するときに、成熟している実だけではなくて、これから熟していく実も考慮してどれぐらい実がなるかを予測します。それと同じように、人間の子どもの発達も、今できることだけではなくて、今、できつつあることも、これからできることも考慮して、教育をほどこすべきだと彼は考えたのです。

実際に、それぞれ個別の能力があり発達の差がある子ども集団の中で、あることを一人でできなかった子どもが誰かの、先生や友だちの助けによって、できるようになる。学びの集団の中で活動をしているとき、できなかったことができるようになっていくことを、ヴィゴツキーは見出していきます。ここから、今日、子どもが一人でできることを「現下の発達水準」、誰かからの支援があれば将来できるようになることを「明日の発達水準」と定義しました。「発達の最近接領域」というのは、今日の水準と明日の発達水準の間にある発達の伸びしろで、発達に最も近い領域を意味します。

ヴィゴツキーが現代的なのはこの「発達の最近接領域」を学齢期の話に限定せず、幼児期の遊びにも適用していることです。例えばごっこ遊びのような想像を伴う遊びは「発達の最近接領域」を作りだすと考えました。なぜか。ごっこ遊びでは、子どもは今、目の前にあるものから想像の世界を作るようになります。今ここにあるものに縛られないで想像することで、別の世界を作り上げることができるのです。

例えばある子どもは三歳である。三歳だけど、ごっこ遊びで母親役をする。そうすると、母親の行動を模倣したり、母親だったらこういうことを言うだろうと考えて行動します。さらに、ごっこ遊びの場合は何人かでその生活空間を作りますから、それぞれの子どもがこの人はお母さん、この人はお父さん、それから「子ども」になります。ここに風呂場があって、次にご飯を食べて、お風呂に入って、寝てと、同意しながらストーリーを演じていきます。そのごっこ遊びに参加している子どもたちが、自分たちで作ったごっこ遊びのシナリオ、つまりルールに基づいて、一つのその世界を作り上げていくということになります。

ヴィゴツキーはこうしたごっこ遊びは、子どもを具体の世界から思考の世界に引き上げる、自らルールを作りそれに従う行動をとる、という点で、子どもを「頭が一つ分、高い」段階に引き上げると考えました。

発達の最近接領域は、個人でのオンライン教育が可能な現代にあって、子どもが誰かと一緒に学ぶこと、活動することの意義に光を当てています。加えて「できる」ということは何か、問い直してくれます。「何かができる」ということは初めは子どもの外側にあるんだけれども、他者とのコミュニケーションや活動を通して、その何かを子どもは自分のものにする。知とか何かができるということの根源を照射しているのです。だから「発達の最近接領域」は、特別支援教育、障害教育、学ぶという行為を含む営みに広く当てはまる概念で、いろいろな分野にインパクトを及ぼしています。

今、取り上げた発達の最近接領域はヴィゴツキーの概念の一つにすぎません。彼の心理学説はこれ以外に発想の転換を促すアイディアや方法を数多く内包しています。だからヴィゴツキーの心理学は魅力的なのです。

●2　ヴィゴツキーの時代のユダヤ人政策

(1)　帝政ロシア期から二〇世紀初頭のユダヤ人政策

次に帝政ロシアの時代からソ連という国家の創成期のユダヤ人政策について説明したいと思います。ヴィゴツキーが生まれる前の時代、ヴィゴツキーが生きた時代です。ヴィゴツキーは一九三四年に死去しますが、一九三〇年代、特に一九三七〜三八年はスターリンによる粛清が非常に激しかった時代です。こうした時代のユダヤ人政策がどのようなものだったか概観することで、ヴィゴツキーの苦悩の深さに近づけるのではないかと思います。

(2)　エカテリーナの居住制限からアレクサンドルII世の宥和政策まで

まず女帝として有名なエカテリーナII世（在位一七六二〜一七九六年）の時代から始めます。エカテリーナII世はロシアの領土拡大を狙って軍を強化して、ロシアの西に位置するベラルーシ、ウクライナ、それからポーランド、リトアニアといった、ロシアと西ヨーロッパの間の地域を支配下に置きます。歴史的な理由でユダヤ人が多く住んでいたこうした地域を我がものとすることで、ロシア帝国は多数のユダヤ人を抱える国家になりました。そこでエカテリーナは、新領地のユダヤ人がロシアの中心部に移住してこないように、一七九一年に定住地区指定政策をとります。ユダヤ人の移動の自由を奪った定住地区指定政策は、一九一七年の革命期まで存続しました。

その後、皇帝アレクサンドルⅠ世（在位一八〇一～一八二五年）は、多数のユダヤ人をどう扱っていくか検討する独自の委員会を設立します。同時にユダヤ人の言語であるイディッシュ語とヘブライ語の使用を規制します。イディッシュ語というのは、東欧地域に住むユダヤ人が日常的に使っていた言語で、文法はドイツ語に近く、ヘブライ語と同じ文字で表示されます。イディッシュ語、ヘブライ語を規制し、ロシア語やウクライナ語やポーランド語といった現地の言葉を使えるようにさせ、同化を促す政策をとりました。そして、職業と移住の自由と引き換えにユダヤ教からロシア正教への改宗を勧告します。

その次のニコライⅠ世（在位一八二五～一八五五年）は厳しい政策をとります。ロシア帝国の国民には二五年間の兵役義務がありましたが、それに加えて一八二七年、ユダヤ人に若年徴兵制度を導入します。ユダヤ人だけは一二歳から一八歳まで徴兵された上、二五年の兵役義務ということになったんですね。若いときに徴兵し、教育して改宗させようという意図が見えます。加えてニコライⅠ世の時代、ユダヤ人の宗教教育に圧力をかけ、世俗教育を奨励します。世俗教育というのは、私たちが受けているのに近い、一般的な宗教色のない教育です。移動の制限の他、ユダヤ人独自の服装を禁止する法令、強制移住も加えられました。強制移住は、国家にとって都合のよい場所にユダヤ人を強制的に移住する政策です。そして職業証明を義務化します。どのユダヤ人が何を生業としているのかを調べ、国家にとって有益なユダヤ人は利用しようという意図があったのです。

次にアレクサンドルⅡ世（在位一八五五～一八八一年）の時代のユダヤ人政策をみていきます。クリミア戦争での敗北を受け、彼は全面的な改革に着手し、宥和政策をとります。ユダヤ人政策でいえば、成果をあげず不人気だった若年徴兵制度を廃止し、国に益をもたらすユダヤ人、例えば富裕な商人、大卒者、熟練工や軍務経験者などは、ユダヤ人の定住地以外の地域に住めるように居住権を付与します。さらにアレクサンドルⅡ世は、一八六一年に農奴解放令を出します。

(3) 農奴解放令とポグロム第一波

農奴解放令はロシアの歴史上、大きな政策転換であり、民主派の悲願の達成と捉えられます。ロシアは政治と人権の意識で他の西側の国と比べて遅れをとっており、ロシアの農民は農奴と呼ばれ、貴族や地主の私有財産のように扱われていました。市民平等の近代社会を実現するためには、農奴解放というのは必須だったのです。その農奴解放のための運動も各地で行われていました。古典的名著『戦争と平和』を書いたレフ・トルストイも農奴解放を唱えていました。一八六一年に農奴解放令が出され、一気に人権問題が解決したわけではないんですけれども、市民平等への扉が開かれました。

一方でこの自由な政策はロシアの支配下にあったポーランドに影響を与えました。一八六三年にロシアからの独立を求めて反乱が起き、ポーランド社会が不安定化します。ポーランドでは一部のユダヤ人が貴族に従って領土管理的な仕事を担っていたこと、ユダヤ人人口が急増したことで反ユダヤ人感情が高まりました。ポーランドの他、ウクライナ、ベラルーシを含むロシア帝国内のユダヤ人人口は、一八〇〇年は約二〇〇万人でしたが、一八八〇年には五二〇万人と倍以上になっていたのです。

一八八一年にアレクサンドルⅡ世が暗殺され、社会が一層不安定になると、ポグロムの第一波が発生します。ポグロムというのはロシア語で、ユダヤ人に対する集団的な暴力行為・殺戮を意味します（一四一頁の地図を参照）。ポグロムが起こった背景には、先ほども触れましたけれども、ユダヤ人が貴族や地主の下で管理的な仕事に従事しており、地元の農民たちから反感を買いやすい立場にあったこと、異教徒であるユダヤ人に対する嫌悪感や根強い差別意識、経済的に成功するユダヤ人への嫉妬心がありました。こうした複数の要因が重なり、ポグロムにつながります。ポグロムは一回だけ起こって鎮静化するのではなく、あちこちで散発的に数年かけて引き起こされます。

(4) アレクサンドルⅢ世から革命期まで

このような混乱を経て、アレクサンドルⅢ世（在位一八八一～一八九四年）が戴冠します。軟化政策をとったにも関わらず暗殺されたアレクサンドルⅡ世の子・アレクサンドルⅢ世は、ユダヤ人に対する締め付けを厳しくします。例えば、官職につくユダヤ人、大学に進学するユダヤ人が増加しユダヤ人以外の民族の不平等感が高まったことから、ユダヤ人の行政機関における就業率及び大学への進学率を制限します。さらにユダヤ人学校を廃絶し、ユダヤ人の商業活動も取り締まるようになりました。

その後、帝政ロシア最後の皇帝ニコライⅡ世（在位一八九四〜一九一七年）の時代を迎えます。ニコライⅡ世の時代には、自由平等を求める社会運動が激化した上、日露戦争、第一次世界大戦が続き、社会が一層混乱し、ポグロム第二波が一九〇五年頃に引き起こされます。一九〇五年の第一次革命を経て一九一七年にはソビエト政権が成立し、ユダヤ人は平等な権利をもつ国民となります。新しいソビエト社会ではどの民族も平等だという民族政策がとられ、ユダヤ人は解放されて、居住地と職業選択の自由を得ます。

しかし、混乱はすぐには収束しませんでした。革命派の赤軍と反革命派の白軍との内戦がその後も継続され、ポーランドはソ連からの独立を目指したので、ソ連・ポーランド戦争が勃発します。内戦とソ連・ポーランド戦争が終結するのが、革命から約四年後、一九二一年ということになります。数年にわたり東欧地域で戦争が続いたので、土地は荒廃し、その地域で暮らしていたユダヤ人がモスクワやペテルブルクなどの大都市に移住してきました。

スターリンが率いる政府は少数民族の保護政策をとっており、ユダヤ人問題を扱うためのユダヤ部局を創設し、イディッシュ語やイディッシュ文化を保護する政策をとります。こうした背景から一九二〇年代には大都市に居住するユダヤ人が増え、商業だけでなく政治、科学、芸術でもユダヤ人の活躍が目立つようになります。こうしたことがロシア人における反ユダヤ人感情の強化につながることは容易に想像できます。

こうした状況を踏まえ、政府は一九二八年に朝鮮半島に近く、中国との国境近くにあるビロビジヤンにユダヤ人を移住させ、ユダヤ人自治州を作る計画を立てます（実際、ユダヤ人自治州ができるのですが、ここに移住するユダヤ人は非常に少なくて後に政策としては失敗だったことが判明します）。一九三〇年代になるとスターリンは大幅な政策転換をします。自分が作ったユダヤ人部局やユダヤ人自治州の計画を指導した人たちを粛清したのです。

ここまでが帝政期から一九三〇年代までのロシアにおけるユダヤ人政策の変遷ということになります。

● 3　東欧のユダヤ人社会とヴィゴツキー

(1)　東欧のユダヤ人の生活

ここでヴィゴツキーの故郷に目を移したいと思います。地図は二〇世紀初頭のポーランド、ベラルーシ、ウクライナ、ロシアとその主要都市、今日のテーマと関連する地名を入れた地図です。ポーランドからロシア国境あたりにユダヤ人が多く居住し、スナイダーがその著書『ブラッドランド』(2)で流血地帯と呼んだ地域です。菱型で印をつけた箇所が比較的大規模なポグロムが起こった場所です。ポグロムがあちこちで起こっていますが、南の方、特に現在のウクライナで多く、モスクワ近くでも起こっていることが分かります。

ヴィゴツキーはオルシャで生まれましたが、一年後にホメリに転居します。ホメリで幼年期を過ごし、大学に入学するまで家族と共に暮らしています。大学時代はモスクワで生活しますが、大学

図　19 世紀末から 20 世紀初頭のユダヤ人居住地と大規模なポグロム発生地域
［出典］Атлас истории евреев России. По материалам Еврейского музея и центра толерантности /Ред. Горин Борух. М.: Книжники, Еврейский музей и Центр толерантности. 2013. С.75.

卒業後、ホメリに戻り教員となります。地図でホメリの場所を確認しましょう。少し北にヴィーツエプスクがあります。このヴィーツェプスクは後で言及するマルク・シャガールというユダヤ人画家が生まれた町です。この当時のホメリの全人口に対するユダヤ人の割合は一四・二%、ヴィーツエプスクは五二・四%。ユダヤ人の人口割合が多かったのです(3)。

ヴィゴツキーの故郷とそこでの社会を理解するために、写真や動画を使って一九世紀の東欧のユダヤ人の生活を見ていきたいと思います。

こちらの画面をご覧ください。これは一九三〇年代のリトアニアのシュテットルです。シュテットルというのは、西ヨーロッパでいうゲットーとは異なる、東欧独自のユダヤ人居住地です。一つの村落にキリスト教徒が住んでおり、キリスト教の教会と墓地があります。その同じ村落にユダヤ教の教会シナゴーグがあり、近くにベイト・ミドラシュというユダヤ教を学習するための施設、西側にはユダヤ人墓地があります。このあたりにユダヤ人通りがあり、そこにユダヤ人たちが暮らしていたのでしょう。ユダヤ人と他の民族が完全に離れて暮らしていたわけじゃなくて、同じ地域に暮らしながら、ある程度住み分けするというような居住形態をしていました(Yidisher Visnshaftlekher Institut のホームページを利用し、ホメリ他、東欧のユダヤ人居住区、シナゴーグ等の写真や動画を閲覧しました。ご興味のある方は文献リストに記載したURLから資料をご覧ください)。

（2）文学作品からみるヴィゴツキーが生きた社会：戦争とポグロムと

こうした社会文化的土壌の上に、ヴィゴツキーはユダヤ人として生を受けます。一八九六年の一一月にオルシャで、八人兄弟の第二子として誕生しました。父親は商業や社会活動をしていたようで、母親はドイツ語が堪能で詩を愛した文学肌の女性でした。一八九七年にホメリに家族で転居しますが、この年、ホメリのユダヤ人人口はピークを迎えます。一八一五年に二〇万人だったホメリのユダヤ人人口は、一八九七年には九一万人になりました。それから数年後、ヴィゴツキーが七歳くらいの時にポグロムの第二波が始まり、ホメリでもポグロムが発生しています。

『屋根の上のヴァイオリン弾き』

ポグロムは複数の文学作品で扱われています。有名な作品の一つに映画『屋根の上のヴァイオリン弾き』（一九六四年、米）があります。あまり知られていませんが、『屋根の上のヴァイオリン弾き』の原作はショレム・アレイヘムが書いた『牛乳屋テヴィエ』[4]です。アレイヘムはウクライナ生まれのユダヤ人で、母語のイディッシュ語で『牛乳屋テヴィエ』を書きました。これをもとにしてアメリカで『屋根の上のヴァイオリン弾き』というミュージカル、続いてミュージカル映画がつくられたのです。

映画『屋根の上のヴァイオリン弾き』にポグロムの場面があります（会場ではその場面を上映）。映画では主人公の娘の結婚式が、松明をもったロシア人民警とその手下になっている地元のコサックたちに邪魔されます。ポグロムもいろいろな形態があって、嫌がらせや暴力、強盗、放火から殺戮まであり、どちらにしてもユダヤ人に対する容赦ない暴力でした。ミュージカルが下敷きとなっているので、歌やダンスといったエンターテイメントの要素がかなり加わっていますが、この講座を受けた後だと、『屋根の上のヴァイオリン弾き』の背景が理解しやすいかと思いますので、まだご覧になっていない方は是非、鑑賞してみてください。

『騎兵隊』

次にイサーク・バーベリというユダヤ人作家の小説『騎兵隊』(5)を中村唯史訳で朗読したいと思います。バーベリはヴィゴツキーが生まれる二年前、一八九四年、ウクライナのユダヤ人家庭に生まれました。一九一五年にペトログラード（現サンクトペテルブルク）で作家活動を始めますが、現実の社会に身をさらすため、先ほど言及したソ連・ポーランド戦争を戦う赤軍に志願します。移動に戦車ではなく馬を利用する時代だったので、騎兵隊を組織して進軍していくわけですが、バーベリはその騎兵隊の従軍記者に任命されました。彼はユダヤ人という出自を隠して、戦場となったウクライナやポーランドで何が行われているのかを取材し、その記録をもとに小説『騎兵隊』を書きました。

進軍する際、赤軍の騎兵隊は——敵のポーランド軍も同じなのですが——通過する地域の一般家庭に泊まらせてもらうことがあります。今から読むところは、ポーランド軍を追いやった後、赤軍の騎兵隊員である主人公リュートフが、ウクライナのノヴォグラドにあるユダヤ人家庭に宿泊する場面です。ノヴォグラドはキーウの西約二〇〇キロ、スルチ河近くに位置している小さな町です（一四一頁の地図を参照）。

ノヴォグラドには深夜に着いた。割り当てられた部屋に私が見出したのは、大きな腹をした妊婦と、二人とも赤毛の、頬がこけたユダヤ人である。もう一人はすでに寝ていて、顔に布を当て、壁際に横になっていた。割り当てられた部屋で私はその他にも、かき乱された箪笥と床の上の女物外套の切れはしと人糞、そしてユダヤ人が年に一度だけ過越しの日に用いる秘蔵の食器の破片を認めた。（文献5：一〇頁）

この後、ユダヤ人の男性が寝ているその寝台で、主人公の従軍記者は横になります。眠りにつきますが、悪夢にうなされ、この家のユダヤ人女性に起こされます。

そこで目が覚めた。孕んだ女が私の顔を指でさぐっていたのである。「旦那様」と女は私に言った。「あなたさまは夢で叫び、駆け出そうとしていらっしゃいました。あなたさまには寝床をどこか別の隅にしつらえることにいたしましょう。さもないと、私の父さまを小突きなさるでしょうから…」。痩せた足と丸い腹をした女は、床から立ち上がると寝ていたものから寝具をよけた。そこには老人が仰向けになって横になっていたが、死んでいた。喉元を割かれ、顔は真っ二つに割られ、あごひげには鉛のかけらのように血が青くこびりついていた。「旦那様」。羽根布団を揺らしながら、女は言った。「切り殺したのはポーランド人です。父さまは、娘が自分の死ぬさまをみないですむように、裏庭で殺してくれと頼みました。ですがやつらは、自分たちがやりやすいようにしたのです。父さまはこの部屋で娘のことを思いながら死にました……」（文献5：一一頁）

ロシア人もユダヤ人を虐殺するんですけれども、ポーランド人もやはり同じことをしているのです。ロシアとポーランドの間にある地域は、後にドイツ軍も加わって、複数の強国がかわるがわる支配し、住民を苦しめました。まさにスナイダーが流血地帯と名づけた所以です。

さらに主人公たち騎兵隊はワルシャワを目指して西へ進軍し、ウクライナ西部のベレステチコにやってきました。そこでの出来事を読みます。

（赤軍の兵士である）何人かのコサックが、銀色のあごひげを蓄えたユダヤの老人を、スパイ行為のかどで銃殺しようとしていた。老人は甲高い声で叫び、もがいていたが、頭を機関銃部隊のクドリャにつかまれ、脇の下に抱え込まれると静まり、両の脚がだらりとなった。クドリャは右手で短剣を引き抜くと、血しぶきが飛ばないように気をつけながら、老人の喉元をかき切った。そして傷口を閉じ、軽く叩いてから「興味のあるやつが片付けるがいい。取りたい放

題だぜ」と言った。（文献5：一二一頁）

これは騎兵隊の兵士がユダヤ人を捕まえて殺害する場面ですが、短剣で血しぶきが飛ばないように殺しています。なぜか。赤軍の兵士はその後にユダヤ人の遺体から衣類を剥ぎ、自分のものにしたり、他人に売ったりします。衣類が血で汚れると使いにくいので、血がでないような殺し方をしたのです。ユダヤ人である作者自身が戦場における非道な行為を描写し、人間とは何かを問い続けているのがバーベリの『騎兵隊』という作品です。もちろん小説なので脚色が入っているのでしょうが、けれどもやはりこの作品が出版されたときには非常に注目を浴びました。

(3) ギムナジウムから大学卒業まで

ヴィゴツキーに話を戻しましょう。これまで述べたような歴史の渦中、一九一一年にヴィゴツキーは、日本の中学・高校にあたるギムナジウムに入学します。ヴィゴツキーは家庭教育を受けて、初等学校には行きませんでした。家庭教師についてユダヤ人としての教育を受けていたのですが、大学に入学するためにはギムナジウムに入る必要があるので、最後の二年間だけギムナジウムに在籍します。このギムナジウムではユダヤ歴史研究会というサークルに入り、サークルのリーダーになります。サークルのメンバーと共に歴史や哲学、ユダヤ教について自主的に学び、報告会を開催したり、評論を執筆したり、活発に活動しています。

一九一三年にヴィゴツキーはモスクワ大学の医学部に入学します。ユダヤ人には入学制限が課されていましたが運よく突破して、入ることができました。彼は医学部に入ったんですが、一ヶ月後には法学部に移ります。同時にヴィゴツキーはシャニャフスキー人民大学という自由思想の大学にも在学します。シャニャフスキー人民大学では心理学や歴史、哲学を学びました。それから生涯を通して読み続ける哲学者スピノザの著作に夢中になりました。加えてヴィゴツキーは文学や演劇を愛好していました。大学時代にさまざまな文学作品を読み、演劇を鑑賞していたことは後の著作にも反映されています。

一九一四年には第一次世界大戦が始まります。この時期から卒業論文の準備をし始め、シェイクスピアの戯曲『ハムレット』をテーマにした卒業論文執筆の準備をし始めます。ところで一九一七年、ヴィゴツキーが大学を卒業し、進路を決定する年は激動の一年でした。一九一七年の二月に二月革命が起こり、三月に皇帝が退位し、その秋、一一月二日にバルフォア宣言が出されます。このバルフォア宣言というのはイギリスがイスラエルの建国を認める宣言をしたというものでしたから、ユダヤ人のヴィゴツキーにとっては大きな事件だったはずです。そして一一月七日（旧暦では一〇月二五日）に一〇月革命が起こり、ソビエト政権が樹立しました。

こういった激動の年にヴィゴツキーは大学を卒業し、進路を決めなければなりませんでした。彼は故郷ホメリに戻り、教員となって師範高等学校で心理学や文学などを教えることになります。内戦が継続し、ホメリの支配者がソビエト政権、ドイツ軍、反革命組織と変転する状況で、彼は哲学的な思索を深めました。一九二〇年に結核になりますが、なんとか回復し、心理学の実験をしたり、文学に関連した論文や社会的な論説を執筆したりといった活動を開始します。

●4 ヴィゴツキーの苦悩と克服

(1) ヴィゴツキーの手記における思索

これまでお話ししたように、あれだけ広大なロシア帝国の滅亡とソ連という新しい国家の誕生、第一次世界大戦、革命、内戦という暴力と殺戮、危機と転換が繰り返される時代に、ヴィゴツキーは多感な時期を過ごしました。しかもユダヤ人ですから、わが身を切り刻まれるような体験をしたわけです。これからヴィゴツキーがどのようなことに苦しみ、思考し、書くという行為によって自分と対話し、克服しようとしていたのかを辿っていきたいと思います。

ヴィゴツキーは思索の内容、観察や研究の概要を記録していたのですが、これまでお話ししたような歴史的な出来事により、全部は残っていません。家族が保管していたノートの一部が今世紀になってから少しずつ公開され、二〇一七年にようやく記録集として図書の形になり出版されました。(6)このヴィゴツキーの手記を使用します。

戦争とユダヤ人

初めに一九一五年、ヴィゴツキーが一九歳の頃に書いた「ユダヤ人と世界史」の一部をみていきます。

あぁ、イスラエル、イスラエル！　お前はこの世界を遍歴しさまよわなければならない。遍歴の歩みと共にある世代よ――バイロンは言う――疲れ苦しんだ胸でどうやって救済され、安寧を見つけるというのか？　野の鳩には巣が、狐には穴が、人には祖国があるのに、イスラエルにはただ墓標があるのみ。（文献6：三九頁、筆者訳）

ヴィゴツキーは、バイロンの詩「ユダヤの旋律」を引用しています。バイロンはイギリスのロマン派の詩人で、自由への希求を謳いあげました。二十歳に満たないヴィゴツキーはユダヤ人で居住地も職業も制限され、ユダヤ人に対する差別は熾烈になるばかりという状況で、これからどのように生きていったらよいのか悩んでいたはずで、バイロンの旋律はまさにヴィゴツキーの心に響いたのでしょう。

他の箇所で、ビアリクというユダヤ人詩人の「ポグロムの物語」という詩を引用しています。ここを読みます。

息子たち、我が息子たちよ！　誰の唇が我々に語るのか、
なにゆえに、なにゆえに、なにゆえに我々に死がもたらされたのか？
何の目的で、誰の名のもとに斃れたのか？　無意味な死、

命は、あなたの命は、なんと意味なく果てたのか…（文献6：四二頁、筆者訳）

ヴィゴツキーにとってはユダヤ人たちの死が無意味に思え、その無意味さが一層、彼を傷つけます。抵抗しないユダヤ人、そして次々に殺されてその死は誰からも顧みられないということに苦しむのです。

ユダヤ人の死に関連して、次にヴィゴツキーが切り抜いて保管していた新聞「ロシアのことば」掲載の記事を読みたいと思います。ユダヤ人は世界に離散したため、複数の国の国民となり、兵役に就くことになりました。第一次世界大戦、その他の戦争においてユダヤ人は敵味方に分かれ、殺戮し合うことになりました。そうした状況で起こった事件についての記事です。負傷したユダヤ系のロシア軍兵士が病院に運ばれましたが、治療を拒みます。

兵士はウクライナの戦場で敵のオーストリア兵を銃剣で刺した。その時、相手が「シュマー、イスラエル！（聞け、イスラエルよ！）」というユダヤ人が死の間際に口にする言葉を耳にした。自分が殺した相手が同じユダヤ人であったことを知り、兵士は言った：「僕は義務と軍人の道徳に則って戦ったけれども、もう僕はこれ以上生きていくことはできない」。（文献6：四三頁、筆者訳）

同胞が殺し合った瞬間を死と理性の喪失の瞬間と捉え、ヴィゴツキーは次のように記しています。

地上のものではない光が生まれ、そこから、墓場から、狂気から、この世界から、こうした出来事の意味の、ユダヤ人の歴史の意味の泣き叫ぶ声が、神の悲劇へと変容させる声が響きわたる。イスラエルよ、聞け、我々の神、主は唯一の主である。（文献6：四三頁、筆者訳）

二人のユダヤ人が敵味方になって殺し合うという痛ましい場面において、ユダヤ人の存在意義、ユダヤ人はなぜ生きているのかと問う声を彼は聞くのです。ユダヤ人の死が無意味なんではなくて、大いなるもの、神ですね、大いなるものの意志の仕業というふうに捉えようとしている。現実的に解決するっていう術がないので、象徴的に何かそこに意味を見出そうとしている、ユダヤ人を、自分を肯定するものを死に物狂いで求めているように感じます。

シャガールの作品にみる死んだユダヤ人

次に一九一七年、ヴィゴツキーが二一歳頃に書いた「断片の書」をみます。ここでは、ユダヤ人や倫理、政治、生と死などの二一項目にわたって象徴的に思索したことが記されています。全ての原稿は見つかっていないのですが、書籍としての出版を目指して書かれたようです。

その中に「シャガール」という項目があります。シャガールも先ほど触れましたが、ユダヤ人でヴィゴツキーの生まれた町のすぐ近くに住んでいました。シャガールはベラルーシ共和国のヴィーツェプスクという町で一八八七年に生まれました（一四一頁の地図を参照）。二〇世紀の初めにはユダヤ人の人口が五割を超えていた町、それがシャガールの故郷です。シャガールがユダヤ人とヴィーツェプスクをテーマにして描いた絵をヴィゴツキーが鑑賞し、次のような手記を残しています。

シャガールが描くことになった最も恐ろしいものは死だ。どこで彼はそれを目にしたのか。ユダヤ人にだ。この題名の絵には死人が一人、横たわっている。靴下か長靴がぶら下がっている。日常だ。…同じ死は彼の赤と緑色のユダヤ人たちに描かれている。「生きた死」、これが一番恐ろしい。ロシアの「死せる魂」に「生きた御遺骸[7]」はユダヤ人のずっと前に死んだ命に比べれば、たいしたことはない。（文献6：五七頁、筆者訳）

この部分の説明のために今から三枚のシャガールの作品をお見せします[8]。これはシャガールの描いた「死人」という絵になります。暗い色の道に死体が横たわっています。死人も黒っぽい服を着ていて判別しにくいのですが、周りにろうそくが灯されていることで、ここに死体があることがわかります。そのそばでこの死人の身近な人物であろう女性が両手を挙げて叫んでいます。ヴィゴツキーが記したように、ぶら下がっている靴下が描かれていることで、ついさっきまで日常の生活が営まれていたところで、悲劇が起きたことを感じさせます。屋根の上にはシャガールがよく描くヴァイオリン弾きがいて、葬送曲を奏でているのではないかという絵です。

次にヴィゴツキーが「赤と緑色のユダヤ人」と書いていたユダヤ人の肖像画です。左の方が赤いユダヤ人で、右の方が緑のユダヤ人です。シャガールはよく人間の顔面を赤くしたり、緑色にしたりするのですが、ヴィゴツキーはこれらの人物を、精神的に死んだユダヤ人として捉えています。自分たちが侮蔑され、おびえながら魂が死んだ状態で生きることに対する怒りと悲しみが伝わってきます。(8)

ロシア文学におけるユダヤ人の描写から

同じ「断片の書」に「名誉について」という項目があります。ここでヴィゴツキーは、ドストエフスキーにとっては、ユダヤ人は「家屋に住む獣、オウム、ヒヨコであり、人間ではない。ツルゲーネフにおいては死刑、へつらった笑い、出頭命令だ。ゴーゴリはポグロムを描いた」と、ロシアの作家がその文学作品においてユダヤ人をどのように描写しているか記しています。

ドストエフスキーの複数の作品にユダヤ人が登場していますが、その表現が非常に侮蔑的であるとヴィゴツキーは論文「ドストエフスキーにおけるユダヤ人」で批判しています。それからツルゲーネフが短編小説『ユダ公』(9)でユダヤ人が死刑にされる場面を書いています。

ツルゲーネフの『ユダ公』の粗筋は次のようなものです。『ユダ公』に描かれるユダヤ人はロシア軍の兵舎に来て、主人公に自分の娘を売春させようとします。そのユダヤ人がスパイ行為をした疑いで捕まって、裁判もなく絞首刑を言い渡され、即刻、執行されます。捕まったユダヤ人が泣きながら狼狽して、飛び跳ねたり、ジタバタしたりして、上着もはだけて、帽子もずり落ちた状態で暴れていて、そのこれから死刑になるユダヤ人を見て、ロシア兵たちが嘲り笑っているという場面があります。ツルゲーネフは人道主義者で知られている作家なのですが、そのツルゲーネフでさえユダヤ人を侮蔑的に描写しているということにヴィゴツキーは憤り、同時に傷ついています。

ゴーゴリも『タラス・ブーリバ』という作品でポグロムや卑しい態度のユダヤ人を描いています(10)。こうした描写を目にしながら、ヴィゴツキーはユダヤ人が背筋を伸ばして人間としての尊厳を持って生きることを望みます。ヴィゴツキーのある友人は、ユダヤ人は隠れなければ生きていけない、へつらい隠れなければ生きていけないんだと言うのですが、ヴィゴツキーはそうであっても、自分が辱めを受けたら、それを侮蔑だと感じることが必要なのだと書いています。

ユダヤ教の哲学者メンデルスゾーンは、「外では人間であれ、家ではユダヤ人であれ」と説きます。そうすれば生きやすいだろうと。しかしヴィゴツキーはそれには納得できない。それは人間であることと、ユダヤ人であることの分離だと批判しています。彼はユダヤ人であり人間である生き方を希求し、それが実現されないから苦しむのです。

(2) 新しい心理学構築へ

そんな苦しみを味わいながらも時代は移り変わっていきます。一九一七年に新しいソビエト連邦が成立すると、ユダヤ人は法の上では開放され、職業と移住の自由を手に入れました。一九二一年に赤軍と白軍の内戦とソ連・ポーランド戦争が終結し、古い制度や思想を捨て去り、新しい思想の下、新しい国家を作り上げる時代になりました。当時のスターリンの政策により少数民族は保護され、一時的にユダヤ人が活躍できるようになりました。例えば先のシャガールは一九一八年九月に故郷ヴィーツェプスクの芸術人民委員に任命され、ヴィーツェプスクの革命風刺劇場、モスクワ議会付属ユダヤ国民劇場で舞台芸術を任されたほどです[11]。

ヴィゴツキーは故郷のホメリで教員をしながら心理学研究に従事するようになります。一九二四年にヴィゴツキーは今のサンクトペテルブルクで行われた全ロシア精神神経学会に出席します。この学会での報告によってヴィゴツキーの才能が認められ、モスクワの心理学研究所に招聘されます。モスクワに転居後、協力してくれる研究仲間を見つけ、同時にいくつもの調査・研究に従事しました。活躍の場を広げていくと同時に、過去の心理学説を批判し、新しい心理学説、方法論、概念を提示していきます。

モスクワに転居した二年後の一九二六年に、論文「読みのリズムの呼吸への影響について[12]」において「悲しみについての詩が悲しみしか伝えないとしたら、芸術にとっては悲壮でしかないだろう。〈中略〉悲しみについての詩は私たちを悲しみの上に立たせるのであり、それに打ち勝ち、克服し、消滅させるのだ」と記しました。

もう一つ、一九二五年の『芸術心理学』を紹介します。『芸術心理学』は生前には出版されませんでしたが、彼の代表作の一つと言える著作です。

> 芸術は、むしろ私たちの行動を未来へ向けて組織化するものであり、前向きのものであり、欲求である。それはあるいは一度も実現されることのないものかもしれないが、私達の生活を超えて、その向こうに横たわっているものに向かって上向きに志向させる要求である。(13)

このように芸術の意義について述べていますが、これは実はスピノザの哲学を下敷きにしていると考えられます。芸術が人間の悲しみっていうのを克服するということは、ヴィゴツキーの後の心理学説に反映されていきます。悲しみという感情をどう克服し、生きる力に変えるのか、人間心理にとって情動はいかなる機能を果たすのかが、情動と身体、情動と知性の問題として彼の晩年のテーマになります。

一九二四年にモスクワに家族で移り住み、三四年の死を迎えるまでヴィゴツキーは教育心理学、発達心理学、一般心理学、理論心理学、障害学、児童学などの幅広い分野で活躍することになりました。そして初めに紹介しました発達の最近接領域のほか、協同学習、内化論、内言の意味論といったアイディアを残しました。日本で最も読まれている代表作の『思考と言語』(14)は一九三四年に執筆されます。一九三四年四月に全ソ実験医学会で報告をしますが、六月には結核で入院して、そのまま帰らぬ人となりました。

最後にヴィゴツキーが残したものについて私の考えを述べたいと思います。ヴィゴツキーはユダヤ人としてどう生きるのかを重要な課題として認識し、苦悩しながらも宗教、哲学、芸術、心理学と幅広く重厚な知識を身につけていきます。そして悩むからこそ、批判精神と考える力が鍛えられました。先ほど彼の手記を読みましたけれども、これはほんの一部です。テキスト全体を読むと、考えて考えて、批判して考えて、どうしたらいいのかということで、よりよく生きるための模索を絶え間なく続けたことが伝わってきます。非道な凄惨な状況に目をつぶることもなく、歴史の展開のすさまじさに流されることもなかった。死の直前までカオス的な現実社会の本質的なところ、そして人間の心も常に変容しカオスのように見えるのですが、その心理のもっとも重要な基盤の部分を明らかにしようと、知的な面で勇猛果敢に取り組みました。彼の心理学と共に、ひたむきで力強い研究姿勢をみせてくれるのもヴィゴツキーの魅力だと思います。

【引用文献】
（1）ヴィゴツキーのビオグラフィーやユダヤ人政策に関しては、参考文献にあげた文献を主に参照した。
（2）ティモシー・スナイダー（二〇一五）『ブラッドランド　ヒトラーとスターリン　大虐殺の真実（上・下）』布施由紀子訳、筑摩書房、三〇～三一頁。

（3）Yidisher Visnshaftlekher Institut.［https://yivoencyclopedia.org/article.aspx/Belarus］（参照年月日二〇二四年七月一二日）
（4）ショレム・アレイヘム（二〇一二）『牛乳屋テヴィエ』西成彦訳、岩波書店。
（5）イサーク・バーベリ（二〇二二）『騎兵隊』、中村唯史訳、松籟社。Бабель И.Э. 2018. Конармия. Москва: Наука.
（6）Выготский Л.С. Записные книжки Л.С. Выготского. Избранное / Под общ. ред. Екатерины Завершневой и Рене ван дер Веера. Москва: Издательство «Канон+». 2018. 初版は二〇一七年発行。
（7）「死せる魂」はゴーゴリの同名戯曲、「生きた御遺骸」はツルゲーネフの『猟人日記』工藤精一郎訳、新潮文庫、一九七二年に「生きたご遺体」として所収。
（8）シャガールの作品は、以下のサイトから閲覧できる。
・「死人」Покойник.（1915）［Wikiart Енциклопедія візуальних мистецтв https://www.wikiart.org/uk/mark-shagal/pokiynik-smert-1908］
・「赤いユダヤ人」Красный еврей（1915）及び「緑のユダヤ人」Еврей в зелёном（1914）［Wikiart Энциклопедия визуальных искусств https://www.wikiart.org/ru/mark-shagal/all-works#!#filterName:all-paintings-chronologically,resultType:masonry］
（9）Тургенев И.С.（1980）Жид // Сочинения. Т.14. С.108-123. Москва: Наука. ツルゲーネフ（一九三七）「猶太人」二葉亭四迷訳、『二葉亭四迷全集第2巻』四三五〜四五九頁、岩波書店。

（10）ゴーゴリ（一九七〇）「タラス・ブーリバ」服部典三訳、『世界文学全集21　ゴーゴリ集』五〜一二九頁、筑摩書房。

（11）ダニエル・マルシェッソー（一九九九）『シャガール：色彩の詩人』（知の再発見双書87）高階秀爾監修、田辺希久子・村上尚子訳、創元社。五四〜六二頁。

（12）Выготский. Л. С. 1926. О влиянии речевого ритма на дыхание. // Проблемы современной психологии. Т. 2. Л.: ГИЗ. С.169-173. С.173.

（13）Выготский. Л. С. 1997. Психология искусства: анализ эстетической реакции. 5 изд. Москва: Лабиринт. С.313.
ヴィゴツキー『新訳版　芸術心理学』（二〇〇六）柴田義松訳、学文社、三三七頁。

（14）ヴィゴツキー（二〇〇一）『思考と言語』（新訳版）柴田義松訳、新読書社。

【参考文献】

＊ロシア・東欧のユダヤ人をめぐる歴史については主に次の文献を参照した。

赤尾光春・尚井直己編（二〇一七）『ユダヤ人と自治』岩波書店。

アニコー・プレプク（二〇〇四）『ロシア、中・東欧ユダヤ民族史』寺尾信昭訳、彩流社。

市川裕（二〇〇九）『宗教の世界史7　ユダヤ教の歴史』山川出版社。

高尾千津子（二〇一四）『ロシアとユダヤ人』東洋書店。

鶴見太郎（二〇二〇）『イスラエルの起源　ロシア・ユダヤ人が作った国』講談社。

Yidisher Visnshaftlekher Institut. The YIVO Encyclopedia of Jews in Eastern Europe. https://yivoencyclopedia.org

＊ヴィゴツキーの心理学説、評伝については次の文献を参考にした。

ヴィゴツキー（二〇〇一）『思考と言語』（新訳版）柴田義松訳、新読書社。

ヴィゴツキー（二〇一二）『「人格発達」の理論』土井捷三・神谷栄司監訳、三学出版。

ヴィゴツキー（二〇〇六）『障害児発達・教育論集』柴田義松・宮坂琇子訳、新読書社。

柴田義松（二〇〇六）『ヴィゴツキー入門』こどもの未来社。

中村和夫（二〇一八）『ヴィゴツキーの生きた時代［19世紀末－1930年代］のロシア・ソビエト心理学：ヴィゴツキーを補助線にその意味を読み解く』福村出版。

Выгодская, Г. Л., Лифанова, Т. М. 1996. Лев Семенович Выготский : жизнь, деятельность, штрихи к портрету. Москва: Смысл.

От Гомеля до Москвы. Начало творческого пути Льва Выготского. Из воспоминаний Семена Добкина. Ранние статьи Л.С. Выготского / Под ред. И.М. Фейгенберга. Lewiston-Queenston-Lampeter: The Edwin Mellen Press, 2000.

（花園大学人権教育研究会第124回例会・二〇二四年七月十九日）

家族分離・虐待を経験した子どもたちのその後
傷つきからの回復を支える社会のあり方とは

梅谷聡子

●はじめに

ご紹介いただきました社会福祉学科の梅谷聡子と申します。本日は遅い時間にお集まりいただきましてありがとうございます。またオンラインの方もありがとうございます。

今日は「家族分離・虐待を経験した子どもたちのその後――傷つきからの回復を支える社会のあり方とは――」というテーマで、私が今までやってきた研究等について共有させていただければと思います。

それでは最初に簡単な自己紹介からさせていただきます。私は、二〇二三年度からこの花園大学で教員をさせていただいております。専門は児童福祉で、本学でも児童福祉関連の授業等を担当しております。私は九州の福岡県出身で、大学院に入学するために京都に来て、修士課程修了後に七年間児童養護施設で児童指導員をしておりました。その後スクールソーシャルワーカーを二年して、また大学院に戻り、その後最初に教員として働いたのが愛知県の日本福祉大学の通信教育の学部でした。二〇二三年から京都に戻り、こちらで教員として働かせていただいております。

二〇二二年に博士後期課程を修了し、その際に児童養護施設の子どもの自立支援に関する論文で博士論文を執筆しました。今日お話しさせていただくのは、その博士論文のときに行った調査に基づくものです。

●問題意識

私がこの研究テーマに問題意識を持ったきっかけは、私自身が児童養護施設の職員として子どもたちと関わった経験によるものです。施設に入所する子どもたちは、入所時点で既に様々な困難を経験しています。大体、一八歳未満人口のうち〇・二％ぐらいが社会的養護の子どもたちになります。日本は基本的に在宅支援が多く、欧米諸国と比べると家庭から分離される子どもの割合は低い方です。そのような現状にあって社会的養護に措置される子どもたちというのは、家庭環境が困難な状況にあり、なかなか施設から家庭に戻れない場合もあります。

そうした子どもたちと日々接する中で「既にこの子どもたちは困難な経験（多くは虐待や生活困窮

などの経験）をしてから入所しているわけですけれど、職員としては、〝人は幼少期の傷つきから回復できる〟と信じたい」という気持ちが湧いてきました。

もし子どもの頃の傷つきが、大人になるまで回復せずに世代間で連鎖するしかないのであれば、自分たちの仕事にはどのような意味があるのか。目の前にいる子どもたちにも、良い解決方法、あるいは回復できる方法があるはず…といった個人的な思いからこうしたテーマに関心を持つようになりました。

実際、施設で子どもたちと関わっていると、確かに不利や困難を抱えているけれど、それに圧倒されるだけではなく、子どもたちは本人たちなりに人生を楽しんでいたり、困難に抗っていたりしています。そういった子どもたちとの出会いが大きかったと思います。

また、施設における入所中のケアの意味を問い直したいという思いもありました。子どもの話を聞いたり、家事をするなど生活を支える入所中のケアを担う中で、一見その仕事の意味や成果は見えにくいのだけれども、日々、子どもをケアするっていうことは、今その時には見えづらい意味があるのだと考えていました。そのためには、施設の入所中にケアを受けて退所した人たちの様子や意見から、入所中のケアのフィードバックをする必要があるんじゃないかと考えました。

研究の問題意識としては、子どもが困難に直面した後に回復を促す援助実践とは何かということと、社会的養護の子どもが自立するために入所中から必要な支援とは何かということです。これらの問題について、社会的養護、自立、それからレジリエンスというキーワードで考えてきました。

●社会的養護の現状

社会的養護というのは、様々な事情により養育が困難な子どもを公的責任のもとで保護し、養育する仕組みです。社会的養育という言葉もありますが、今回はいわゆる狭義の社会的養護と言われる代替的養育、すなわち里親、養子縁組、それから児童養護施設等の施設で生活する子どもたちに限定したいと思います。社会的養護には、今回調査した協力者が入所していた児童養護施設以外に、児童心理治療施設や児童自立支援施設など、子どものニーズに応じた様々な施設があります。日本は施設養育の割合が里親に比べて非常に高いので、より家庭に近い里親宅での養育を増やしていく流れになっています。

現在、児童養護施設で暮らしている子どもの約七割は虐待を受けた経験があるとされています。児童心理治療施設であれば約八割、児童自立支援施設も約七割です。里親養育以外は五割以上の子どもが何らかの虐待を受けた経験があるということです。児童相談所への虐待の通報報告件数は二〇二一年には二〇万件を超えおり、右肩上がりに増えている状況です（子ども家庭庁、二〇二四）。

この原因の一つには虐待の定義が広がっている点が挙げられます。児童虐待は、保護者から子どもへの虐待です。児童虐待防止法で四つの虐待の種類が提示されています。その種類は、身体的虐待、性的虐待、ネグレクト、心理的虐待とあります。

特にこの心理的虐待の定義において、激しい夫婦げんかや自分以外の兄弟への暴力を見ること等を面前DVとして児童虐待にカウントするようになったことも、通告件数の増加につながっています。そのため、最も多い通告経路は警察になります。夫婦げんかをしているところに介入した警察が、そこにいる子どもを保護して、心理的虐待で保護し、児童相談所で一時保護されるっていうような経路をたどると、ここの数値に入ってきます。

それから、子どもの虐待を発見したら、疑いの段階で通報しなければならないという通告義務も影響していると考えられます。児童虐待相談ダイヤル「189」を押せば児童相談所の総合窓口にかかり、虐待の通報が可能になる仕組みです。この虐待防止法において、「虐待らしきものを見つけたら通報しなければならない」という仕組みが作られているということです。

この二〇万件超の相談対応のうち、一時保護という、いったん家庭から分離され児童相談所に保護されるのは、二万七三一〇件です（こども家庭庁、二〇二四）。つまり、二〇万件に全て虐待の事実があるというわけではありません。通告を受けて児童相談所が調査に入っても、それが虐待ではないと判断されることもあります。家庭分離が必要であるということになり、一時保護される子どもは大体一三%ぐらいです。そのうち多くはやはり家庭に戻って、在宅支援を受けながら家族とともに暮らすことになりますが、相談対応件数のうち約二%が里親や施設に措置されます。

実際、児童相談所への虐待相談、虐待の通告は増えているのですが、総務省「要保護児童の社会的養護に関する実態調査　結果報告書」にある統計結果によれば、一八歳未満人口に占める社会的養護に措置される子どもの数の割合は、一〇年前からほとんど変わっていません。そのため、通告件数の激増に対して、「単に子育ての監視を強めているだけではないか」という批判的な意見もあります。

●児童養護施設で育つ子どもの不利・困難

今回特に注目するのが、児童養護施設についてです。児童養護施設とは、「保護者のない児童、虐待されている児童など、環境上養護を要する児童を入所させて、これを養護し、あわせて退所した者に対する相談その他の自立のための援助を行うこと」を目的とする施設です(児童福祉法四十一条)。概ね二歳から一八歳までが入所していますが、今は年齢要件が撤廃されていますので、二〇歳前後の子どもまでが入所できる施設になっています。

日本では二〇二三年時点で全国六〇〇ヶ所の児童養護施設で二万一〇〇〇人の子どもが生活をしています(こども家庭庁、二〇二四)。そして、入所している子どもの七割は虐待を受けた経験があります。養護問題の背景には、親の労働・生活問題もあります。生活困窮等により家庭にストレスがかかることで虐待が生じたりして、一緒に暮らせない状況となり入所する場合もあります。

児童養護施設を「自立のための施設」と言いましたが、子どもたちは入所時点で既に何らかのハンデを負っています。それは障害に限らず、生い立ちの中でしんどさを抱えているという意味においてです。すなわち、児童養護施設に入所している子どもは、「一般的な子どもから大人になるという自立」のほかに、「自己の責任ではない過去や現在の境遇からの自立」という「二重の自立」

を行わなければならないということを意味しています（徳永、二〇一〇）。概ね四年、長い場合で七年あるいは一〇年以上入所する子どももいますが、その期間に一般的に大人になるという自立の過程プラス、入所前に負った、あるいは入所中の傷つきに対するケア（治療的養育とも言われる）も行わなければならないということです。入所中に虐待のトラウマ等を治療していくあり方も、今議論されています。

児童養護施設の子どもに自立支援が必要な背景としては、施設で育った子どもたちが、自立の過程や退所した後に、様々な不利や困難を経験しているという点が挙げられます。児童養護施設という福祉制度を利用したにも関わらず、それを離れた後に再び困窮に陥ってしまうという負のスパイラルが起きている状況があります。

例えば、学業達成における不利です。永野（二〇一七）によれば、社会的養護で育った若者は一般家庭の子どもに比べて高校中退率が一〇倍でした。また、内閣府（二〇一八）によると全世帯の七割近くが大学等に進学する中で、生活保護世帯の子どもはの進学率は三五％、児童養護施設の子どもは二七・一％ということで、児童養護施設の子どもは大学等への進学が難しい状況があります。大学に進学することが全てではないですが、このような子どもたちの環境による著しい進学率の偏りは、本人の能力以外の要素で進路が限定されていることが考えられるのです。

また、退所後の生活基盤の不安定さについてです。イギリス等では、社会的養護を離れた若者への調査が公的に行われています。けれども、日本ではこれを十分にやってこなかったという課題があります。今、こども家庭庁などが退所者の把握に努めているところです。

ある調査では、児童養護施設退所者の約三割が生活費や学費に困っていると感じているということ、社会的養護で育った若者は一般家庭の子どもに比べ、生活保護率が同年代の一八倍以上であることが明らかになっています（三菱ＵＦＪリサーチ＆コンサルティング、二〇二一・永野、二〇一七）。ソーシャルサポートの脆弱性という面では、約二割の退所者が公的サポートを受けていないということ、いわゆる実家的機能が期待されるようなタイプの児童養護施設等は、退所後三年間で約三割の退所者と連絡が取れなくなるという調査結果もあります（全国社会福祉協議会全国退所児童等支援事業連絡会、二〇一七）。

こうした児童養護施設の子どもの不利や困難の背景には何があるのでしょうか。以下は二〇一九年に私が児童養護施設を退所した人たちを支援している相談機関にインタビュー調査を行い、退所者の不利の背景について分析したものです。いわゆる退所者の中で顕在化する困難を三種類に分けています（梅谷、二〇一九）。

一つ目が対人関係の困難です。これは、職場、親、友人、恋人との関係、不和、ストレス、依存、暴力等を指しています。

二つ目が生活困窮です。不安定就労であったり、失業、転職をしたりしている。就学、奨学金の返済に追われるとか、あとは退学してつながりがなくなる等を指しています。あるいは住居の問題ということで、そもそも住む住居がなく、ホームレスのような生活をしている子どももいます。女性であれば、男性の家を渡り歩いているとかですね、そういった問題があるということです。

三つ目が、健康問題です。いろいろな病気にかかる、心と体の病気にかかる等です。退所後すぐは若くて大丈夫だったけれども、蓄積する労働問題、過重労働の中で、どんどん体調を崩していく等です。あと女性であれば妊娠して、中絶できない状況にまでなってしまうとか、中絶の際に病院にかかる方法が分からないとか、そういった状況があることが見えてきました。

困難を抱えている退所者の人は、一つの不利、困難を持っているだけではなく、一人で重複して様々な困難を抱えている場合が多いということです。就労問題があり、病気もあって、職場での人間関係もうまくいかないとか、親との関係も築けない等です。

その背景に何があるのか。一つ目は、児童養護施設を退所した人たちにとって、頼れる人が限られるということです。家族が機能しないことによる社会、経済的な不利。精神的な支えのなさ。また、頼る人の選択肢が少なく、「この人にしか頼れない」という状況にある中で、その人との関係が悪くなると、他に頼ることができずにあっという間に孤立してしまう場合があるということです。

二つ目は、家族に頼れない若者への周囲の理解のなさです。家を借りるときに保証人が必要で、親がいるならサインをもらってきなさいと不動産会社に求められるけれども、虐待を受けていて、親はいても頼れないことが理解されずに、結局家を借りれずに困っている来談者がいたという事例もありました。

三つ目は、虐待の影響です。今、トラウマの問題もよく議論されています。幼少期の被虐待経験が、大人になってからも精神状態や社会性に影響を及ぼす可能性があるということです。

四つ目は、自己肯定感の低さです。この自己肯定感の低さは、新しいことを始める時、困難に直面した時などに不利になってくる。過剰な無理をしてしまったり、過剰な要求をして相手をどうしても試してしまったりする。この根底には他者への不信感等があるかと思います。

五つ目は、「強いられた自立」です。この調査時点では、社会的養護の子どもたちの多くは一八歳で、法律上、児童福祉法の年限とともに退所しなければならないという状況にありました。子ども自身が自立に向けての準備ができる前に一八歳になってしまったら、そのまま施設を出て一人暮らしをしなければならない等の状況にある。自分がもし働けなくなったら、バイトができなくなったら、学費が払えなくなる、明日のご飯が食べられない、奨学金が返せない、というような状況にある若者の場合には、失敗できないプレッシャーの中で日々生活している。また自立を強いられることで、青年期のアイデンティティを模索する期間が限られる。

一〇代後半から二〇代前半というのは、自分にどういったものが合うのかとか、どういった仕事ができるのか、というようなことを経験しながら模索する時期かと思いますが、家庭の後ろ立てがないことで、失敗をしながらアイデンティティを模索できる期間が非常に限定されてしまう。そのような理由で、就いた仕事を辞めてしまうというようなケースもあるということでした。その日その日を暮らしていかなければならない中、将来への長期的な見通しが持ちにくいようです。このように明らかになった若者の困難の背景には、周囲からは一見すると見えづらい背景、難しさがあるのだということを、現場の職員さんに教えてもらいました。

●困難を経験した子ども・若者のレジリエンス

では、子ども時代に困難を経験した場合、どうすれば回復することができるのでしょうか。そこで、レジリエンスという概念に着目しました。レジリエンスというのは元は物理学の用語で、跳ね返り・飛び返り・弾力・弾性・反発エネルギーという、元々あったものが逆境によってへこんでしまって、けれども、そのものが持つ弾力によって跳ね返すっていうような働きです。

心理学や社会福祉学の分野では、逆境にもかかわらず前向きな成長を遂げること、逆境にもかかわらずうまく適応すること、逆境にもかかわらず良好な結果を得ること、というように定義されています。元の自分Aがあり、逆境を跳ね返した自分というのは、逆境を経験する前の自分Aに戻る訳ではないけれども、また違う自分「A」として成長し生きていくということかと思います。だから、レジリエンスは、逆境をなかったことにするのではなく、逆境を跳ね返し、また違う生き方をしていくという考え方かと思います。

こうした子どもの発達におけるレジリエンスは、リスク研究の副産物として発見されました。リスク研究の例として、小児期逆境体験があります。子どもたちの発達を縦断的に調査した研究の中で、子ども時代に経験した何らかのトラウマが、大人になってからの健康状態に影響を与えるっていうことが明らかになっています。

例えば虐待を受けた経験や、小児期に親と分離した経験がある子どもは、成人期の慢性疾患や精神疾患の発症、自殺、暴力の加害や被害者になる可能性等の間に相関があると言われています。こうした逆境体験のスコアが高いほどリスクは高まり、寿命が二〇年縮まる可能性があるとされています。

こうした研究が進む一方で、複数のリスクや逆境に直面しているにもかかわらず、前向きな発達や社会的適応を遂げている子どもたちが発見されました。

例えばエミー・ワーナーとルース・スミス（二〇〇一）によるハワイのカウアイ島研究というものがあります。ハワイ諸島のカウアイ島において一九五五年に出生した子どもたち六九八名を対象として、四〇年間追跡調査をしたものです。妊娠中の合併症、家庭の貧困、両親の不和、両親の離婚、両親が何らかの精神障害を持つことや教育の程度が低いなどのリスクのある家庭の子どもでも、三分の一の子どもはそうでない子どもと同様の発達を見せたということです。

では一般的な発達を見せた子どもにはどういった特徴があるのかというと、まずは子ども自身の特徴で、活発でかわいらしいと感じられるところがあり、友好的で、応答的、社交的であるとみなされており、夜泣きや偏食といった育てにくさを呈したことが少ないという共通点がありました。あと、人との関わりの要因で、子どもの様子に敏感に対応してくれる人、信頼関係を結べる人、好きな学校の先生、自分を気にかけてくれる人、困ったときに相談できる人がいる等の社会的、人的な環境を持っていたということです。

さらに子ども時代に不適応に陥っても、三〇代四〇代で劇的に回復を示した人もいました。それがどういった転機かというと、心理療法や専門家による介入という特別なことではなく、例えば高校卒業後、コミュニティカレッジや夜間高校で教育を受け直したとか、軍隊に入隊している間に受けた職業訓練が役に立ったとか、情緒的に安定したパートナーと結婚して子どもを授かったっていうような転機です。

こうした研究の成果から、エミー・ワーナーは、子どもの強みを伸ばしていく周囲の働きかけ、例えば家庭内外での大人との暖かく親密な関係性や教育の機会の重要性を指摘しており、「人は機会に開かれてさえいれば、いつまでも変わり続けることができる」と主張しました。カウアイ島研究で特に大事だと考えるのは、本人の特徴だけではなく、その後の環境要因によって、三分の一の子どもが回復を見せたというところです。この点が福祉につながる点だと思います。

海外のソーシャルワークの教科書等には、レジリエンスっていう言葉が度々書かれています。ストレングスモデルという、人や環境の強みを活用する考え方と併せて書かれていることが多いと思います。

ソーシャルワークの生活モデルを提唱したジャーメインは、レジリエンスは人の単純な態度というよりは、複雑な人－環境の相互作用に影響を与えるものだとしています。もちろん本人の気質や家族のタイプなども影響しますが、外的サポートや環境資源を活用することが大事だということです。したがって、レジリエンスを活用するソーシャルワークというのは、その利用者の持つ、内在する本人のストレングス、自我同一性や自己効力感、社会性等、その人が持っている保護的環境要因をアセスメントする必要があるとされています。

先行研究から導き出された、レジリエンスを促す保護的要因は次の通りです。地域社会からのサポート、相談相手、協力的で親密な仲間、問題行動に対して適切な指導を行い対処するものの存在、共感的で積極的な指導者、安定した経済状況、コミュニティに存在するネットワークの参加者になること、社会サービス資源、安全で安心して暮らせる場所や住居、健康・医療・保健への関心と健康診断、健康・疾病・公衆衛生・法律に関する常識的な知識等です。レジリエンスの視点に基づくアセスメントでは、その人がこれらの保護的要因を有しているかを見ることが肝要です。

ではレジリエンスを促す、特に人間関係についてです。先行研究から言えるのは、「相互的」な人間関係の重要性です。「ソーシャルサポート」として専門職が一方的にクライエントを助けるような（もちろん専門職も相互性は大事にしてはいますが）関係性だけではなく、お互いに共感し合える、お互いにエンパワーメントできる、子どもや若者と興味や熱意を共有できる「メンター」が、専門職以上に必要だと言われています。

●児童養護施設を退所した若者のレジリエンスを促したもの

私が実施した調査の中では、児童養護施設の退所者にお話を伺い、自立のプロセスにおいてどのようにレジリエンスが促されたのか、すなわち本人の力が発揮できる状況に至ったのかを分析しました。インタビュー調査は、児童養護施設を一八歳で退所した一〇名の方を対象にしています。ご本人の生い立ちを、覚えているところから現在まで語っていただくライフストーリーのインタビューを行いました。

児童養護施設退所者の語りにみられる自立のプロセスは、以下のような結果になりました。

まずその入所前です。困難な家庭、虐待を受けていた家庭から離れて入所することが、自分にとって一つの前向きな契機になったということが語られました。

次に、入所中に基本的な生活が安定するという契機です。今日、親が帰ってきたら怒鳴られるかもしれない、ご飯を食べられるかどうかなど、そういった不安や見通しがつきづらい生活をしていた子どもにとって、入所中に理不尽な形で暴言や暴力を振るわれない環境にあるとか、三食ご飯が食べられる、ゆっくり寝ることができるとかそういった生活が整っていることがまず大事だったということです。

退所後の生活の場は、一人暮らしや実家に戻った人もいるのですが、そこで役立つ様々な社会資源につながるということも重要です。大学に進学した人にとっては、返さなくてもいい奨学金であったり、いろいろな相談機関につながることなどが必要だということです。その後、退所した後に仕事があるとか、友達がいるとか、あるいは猫の世話をすることを挙げてくれた方もいましたが、誰かをお世話したり、人との関係、あるいはものとの関係の中に、自分の役割があると思えることが大事だったと語ってくださいました。

入所前、入所中、退所後、共通して、やはり信頼できる大人がいることや、友人ができること、それから学校に居場所があるっていうことは、重要な契機として語られていました。こういった経験を踏まえて、自分の虐待を受けた経験をもう一度再構成する。自分のしんどい生い立ちにはどんな意味があったのか、その意味を考え直す、そのようなプロセスを経て将来の目標や見通しが立つようになるということが考えられました。より具体的に言うと、次の通りです。

「困難な環境から離れて基本的な生活が安定する」
虐待等のある環境から保護されることで、安心感を得て学校に入ったり将来の見通しを持つことが大事です。やはり施設や里親におけるケアは、まずはその生活の安心感を醸成することが基本的な役割なのだと思います。

「施設や児童相談所の職員との信頼関係を築く」
すごくポジティブな職員さんに励まされたとか、勉強しているときに「最近どう?」と聞いてくれたとか、そういった職員さんにいい影響を受けたことを語ってくれました。「今、自分のことが好きだけど、そんな自分を作ってくれたのは施設で見てくれた職員やなと思います」というような話もありましたが、二四時間一緒に生活している身近な施設職員との信頼関係が、子どもの前向きな変化のきっかけになることがあるということです。これを聞いた当時は、私はまだ施設職員だったので、非常に身が引き締まる思いでした。

「退所後の出身施設の位置づけ」

退所者が出身施設に頼りやすいかというと、頼りたくても頼れない場合があるということです。退所者は、職員がどれだけ忙しいかっていうのを、もと入所者として一番近くで見てよくわかっているから、困ったからと言ってすぐには頼れないということです。「職員がずっと自分のことを見れるわけじゃないのはわかってる」という話をしてくれました。一方で、「どこでも施設職員がついてきてくれたら自分は助かったのかというと、そうは思わない」という語りもあり、例えば職場に施設職員がずっと来てほしいと思ったかというと、そうではない。なので退所者にとって出身施設が頼りやすい場所であると同時に、施設以外に頼れる場所があるということも大事かなと思います。

「自立のための社会資源とつながる」

自分が何となく大学に行こうかなって言ったときに、自分以上に動いて奨学金制度を見つけてくれた施設職員がいたということです。その子が何かやりたいというときに、その方法を一緒に考えて行動をしてくれる支援者、大人がいるっていうことが、その後のその子どもの人生を切り開いていくのかなと思います。

「学校に居場所がある」

この調査当時、私は施設職員でしたので、子どもの自立のために児童養護施設の中で何ができるかということに最も関心を持っていました。しかし調査を進める中で、退所者の人たちからは施設の〝外〟での関わりが、自分の成長や自立の役に立ったということが頻繁に語られました。私自身反省したのが、施設の職員が子どもの自立のために全てをできると思ってはいけないし、子どもは施設以外に色々な場所で生活しているので、例えば施設外にも居場所を作ったり、学校の先生と連携するとか、そういうことが非常に大事だなと感じたのです。

やはり子どもにとって学校の存在が非常に大きいことは、調査をして改めて考えました。例えば良い先生に出会うことが、子どもにとって初めての親以外の大人モデルとの出会いであることや、学校に行けば同世代の友達がいて、子どものコミュニティが広がるということを学びました。施設に入所している子どもたちは、やはりしんどい家庭から来ている子が多く、それはそれで助け合えるところがあるとは思いますが、一般家庭で生活する友達と過ごすことで、自身の境遇を相対化するきっかけになり、それが良かったというような退所者の語りがありました。学校の中に居場所があると、学校が比較的好きになり、その子にとって進学が選択肢になっていく。大学に行くことなどが本人にとっての選択肢になると、また自立において役に立つ進学のプロセスを踏むこともできるのかなと思います。

「近隣の人々との関わり」

ある退所者の人が、「僕、自立支援って周りの、施設の職員だけじゃなくて、友達の母ちゃんの理解も大きかったと思うんです。友達とよく遊んで、友達の家に上がって。友達のお母ちゃんが普通に〝あんたら、晴れてんのに何でゲームしてんの〟とか。周りの大人の理解もあったんちゃうかな」「施設の中の世界で自立支援どうのこうのって結構難しいかな。外に出してあげて。時間が許すのであれば、なんかちょっと行って来いみたいな」と語ってくれました。複数の退所者の人がおっしゃるのは、自分たちがかわいそうだと思われてるんじゃないかとか、何か差別を受けるんじゃないかということに、すごく敏感であったということです。しかし、地域に出ると意外に普通に周囲が接してくれて良かったと。友達のお母さんが普通に接してくれたことが外に出ていく自信にもなったし、だからもっと施設の子たちには色々な人と関わってほしいという話をしてくれました。

「アルバイトや職場の人々との関わり」

児童養護施設の子どもたちは、社会的養護においてケアを〝受ける側〟として育ってきたところがあるのですが、仕事を通して施設の外に役割があるとか、それを通していろんな人と関われることが、本人たちにとっては良い経験として残っているんだなと感じました。支援を受ける側だけではないアイデンティティは、施設の外で、誰かの役に立っている経験から蓄積できるのかなと思っています。

「退所者にとっての〝信頼できる大人〟」

このインタビューの中で語られた信頼できる大人像、退所者にとってどんな人が信頼できる大人であったか。例えば誰にでも公平であり、子どもである自分の意見を尊重してくれる人。それから子どもにとって耳の痛いことも敢えて伝えてくれる人。子どもの甘えを肯定するばかりの職員は自分が傷つかないためなのではないかと考えて、自分のために叱ってくれる大人の存在を肯定的に語った人もいます。社会とのつながりや将来の見通しを持てるような知識や状況、経験を与えてくれる人。それから自分のことを特に気にかけてくれる人。支援者や教師といった役割に加え、自分自身の家族の行事にその若者を参加させてくれたりとか、プライベートで食事や銭湯に一緒に行ったりとか、退所者のために時間を割いたり、声をかけたり、特に気にかけてもらっていることが伝わる関係性にある人々ということです。さらに、自分から助けを求められなくても関わってくれる施設の職員、それからパートナーとか友人等ですね。

また、退所者が困難な状況にあるときや、人生のターニングポイントで、退所者のために言葉だけではなく具体的な行動を起こしてくれた人。家族との話し合いの際に退所者の代弁をしてくれたり、保証人になってくれたり、困難な状況にある退所者とともに行動し、ある程度のリスクを共有してくれる関係性に、より信頼をおいているように考えられます。退所者は、「口だけじゃなくって行動で示してほしい」と語ってくれました。「大切にしているよ」とか、「頑張ろう」と言うときに、大人が言葉だけではなく一緒に行動してくれることが嬉しいと思っているようです。こうしたことが、大人への不信感等が強い子どもにとっては大事なのかなと思います。

「お互いに特別な存在だと思える人がいること」

「何か頑張ろうと思うとき自分を特別に思ってくれる人の存在は重要で、この人だから特別に、この人から特別に扱われてるんやな。私もこの人が特別やし。何かこの人を裏切ることはしたくないというか、自分自身のために頑張るということがなかなか難しいから、結局何かそういう頑張りが必要な局面になったときに思い出す人がいるかどうか」という語りがありました。施設の集団生活なので、大人はどの子どもにも平等や公平であることが必要な一方で、子ども自身は相手にとって特別な存在であるっていうことを求めているんじゃないかと考えています。施設内外でこういった特別な存在の大人を作ることが重要なのではないかと思います。

このことを語ってくれた方は、「平等や公平と言って子どもに線を引くと、子どもの方からも線を引かれてしまいますよ」とおっしゃっていました。そういう意味で、「施設職員っていうのはやはり援助者であって、子どもにとって特別な存在になるのは限界があるのでは」と話してくれました。

「困難な経験の意味を再構成する」

例えば虐待を受けた子どもたちが言うには、「自分が悪かったから殴られたんだ」とか、「怒られ

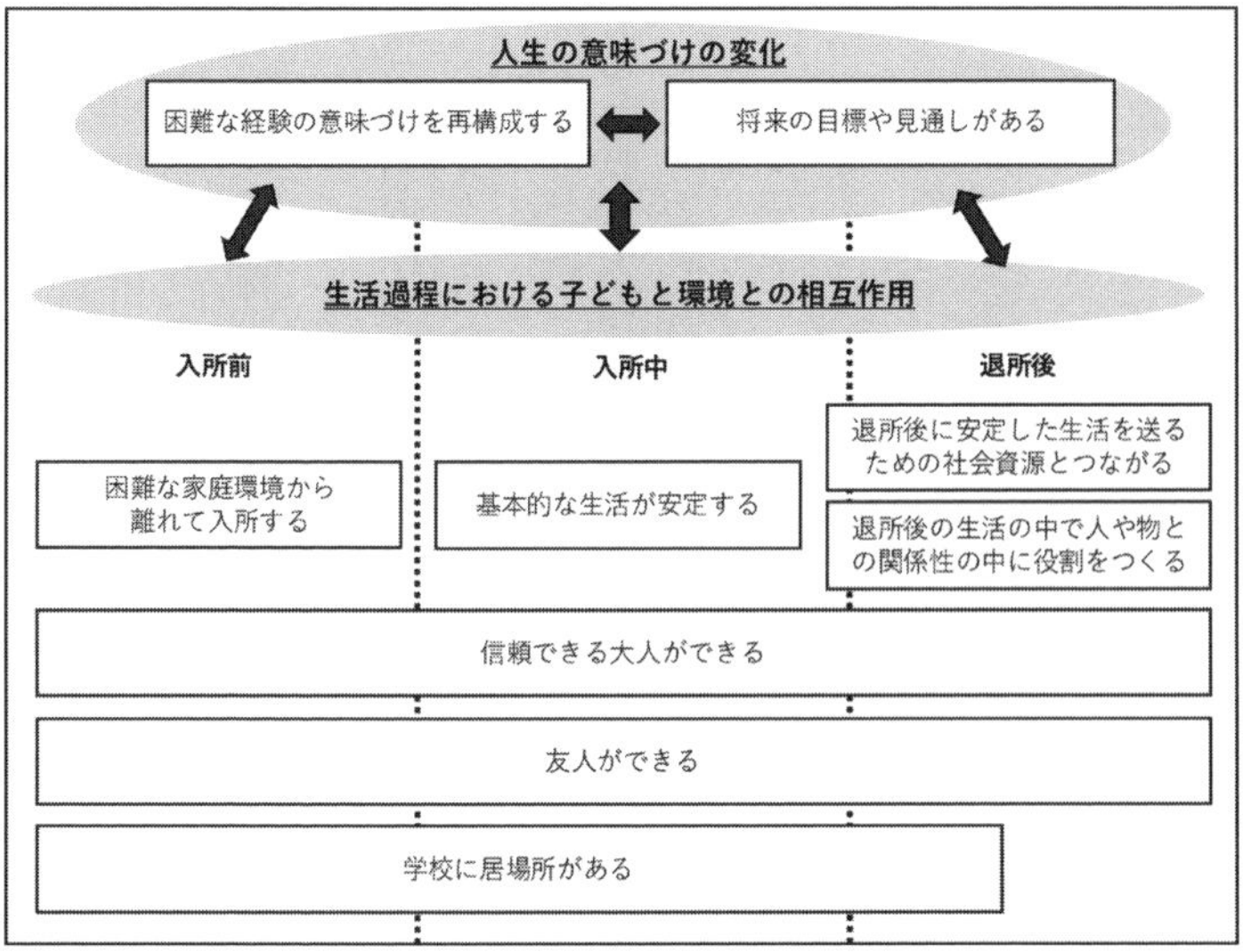

るのは自分の責任だ」と感じたということです。

こう語ってくれた方も、「本当にそういうふうに思うんですよ」と話してくれました。何で殴られたか、その理由はわからないけど、とにかく「怖い」という感覚と、「自分が悪いから殴られたんだな、自分の責任で暴力を受けたんだなというその感覚だけが今でも残っている」ということでした。その人は保育士を目指して入った学校で、児童虐待の授業等を受ける中で、自分が受けていたのは虐待だったと分かったそうです。

必ずしも自分が悪いから過剰な暴力を受けたのではない。そこには親の事情があり、それは「自分が悪い、怒られた自分の責任」ということではなかったんだと、自分の困難な経験を構成しなおしておられる様子が伺えました。

また、「今が充実してるから、昔のしんどかった経験も結果として良かったと言える」という語りもありました。過去に負った傷つきからの回復については、現在の生活が充実しているからこそ、過去について向き合うことができると思います。ですので、今現在の人間関係や、生活をいかに安定させて、本人が幸せを感じられるかということを、過去を振り返ると同時に目指していく必要があると考えます。

●施設職員が捉える子どもの自立と自立支援

ここまでが当事者の方のお話で、博士論文では、施設の職員と、退所者支援としてアフターケアの相談に乗っている支援者にインタビュー調査も行いました。そちらについても支援者側の視点から少し見ていきたいと思います。

まず、児童養護施設の職員がどのように子どもの自立を捉えているのかについてです。特に自立という言葉には、「孤立」につながるような「何でも自分でやる」という捉え方もありますが、施設職員としては、自立というのは人に頼りながら、誰かとの関係性を保ちながら自立していくことだと考えている、ということでした。

社会的養護で育つ子どもの自立の課題として施設職員が考えるのは、子どもたちの自己肯定感の低さや、生い立ちの不確かさ、そして特殊な生活経験などです。これは、例えばある大舎制施設（一舎あたり定員数が二〇人以上の施設）では電源が一括管理されているため、自分の部屋の電気を消して出るといった一般家庭では当たり前の生活経験をするのが難しかったり、料理をする経験がないといったことです。それから退所後の孤立、自立を阻む社会のあり方については、社会的養護で育ったことに対する理解のなさにおいて難しさがあるというお話でした。

では児童養護施設ではどのような自立支援を行っているかということです。先ほど入所中の生活がとても大事だということを述べました。日々の日常生活ができるだけ家庭的で豊かなものであるように気を付けているとか、子どもの社会経験を増やす、集団生活の中で人間関係を築いていく、子どもをエンパワーメントする関わりをする、子どもが自分の生い立ちや将来について語ったり、説明を受けたりできるように支援する、一八歳以上でも本人の自立の準備が整うまで措置延長の制度を活用する、等の実践について語っていただきました。

また、入所中から、退所後に向けたアセスメントを行っておき、職員個人と退所者のつながりを維持できるように意識しているそうです。施設内でのアフターケアの仕組みを構築し、さらに施設外を含めたアフターケアのネットワーク化ということで、例えば弁護士や様々な相談機関とつながっておいて、退所者に何か困ったことがあったときに、そのネットワークを用いて支援を展開するということでした。

支援上の課題としては、自立支援を行う人材確保や、年々施設の退所者の数が増える中で、どこまで退所者支援をするのかという支援の方針のすり合わせであったりとか、家庭から引き取った子どもへのケアが、むしろ家族がいることによって難しいといったお話も伺いました。社会的養護の元で子どもを支援し続けることへの限界性を感じるということも聞きました。

また、退所者の孤立しやすさがもたらす課題もあります。まず、退所後に日常的にそばにいる大人や頼る場所がないことにより、生活問題が深刻になる場合があるということです。家族にも出身施設にも頼れない。これは退所者調査結果と同じことを施設職員さんもおっしゃっていましたが、「日々、子どもに忙しい姿を見せてるから、帰ってこれないいんじゃないか」というお話もありました。

それから、施設の中の子どもの様子と、施設外の子どもの様子のギャップが非常に大きいということです。施設の中で暴れたりしている子どもが、アルバイト先では仕事をしていて認められているとかですね。反対に、職員から見て問題なく入所中は過ごしていたけれども、退所後にゴミ屋敷状態で一人暮らしをしている子どもがいたりする。このように、入所中の子どもたちの状況のみでは自立支援のアセスメントをすることが難しい側面があるかと思います。

例えば歯を磨くことについても、入所中は職員が歯を磨くように常に言っていたので虫歯はなかったが、退所した途端に磨かなくなって虫歯だらけになってしまう。なぜかと聞くと、隣で歯を磨けという職員がいなくなったので、歯を磨く必要性を感じなくなって、磨かなかったということです。職員としては、入所中はできているからしっかり歯を磨く子だと思っていたのだが、その子にとっては歯を磨くことの意味が自分の中で腑に落ちていなかった。退所後に一人になって、虫歯になることで初めて気づいたという事例ですが、ある物事について、子ども自身が納得しているかや、どのような意味付けをしているのかについても、入所中から特に意識する必要があるかなと思います。

また、自立支援において大切なことは、施設外の人々とのつながりの中で自立を支援するということです。ボランティアの方や法律関係の人などと、自立支援のネットワークを作り上げる試みをしているそうです。一施設では様々な生活課題の対応に限界がある中で、こういった連携による自立支援が重要だということです。

私が考えるのは、児童養護施設の中だけで自立支援を完結することの限界について支援者が認識することが、児童養護施設で育つ子どもの自立支援を、多機関との連携や地域の人々のつながりに開いていく第一歩ではないかということです。出身施設だけではできないことがあることを支援者がまず理解することで、他の機関と共に実践する選択肢が初めて出てくるのかなと思います。施設も、あまり自立支援を抱え込まなくてもいいのではないかというのが個人的な考えです。

●アフターケアを担う相談員が必要と考える入所中のケア

もう一つ、児童養護施設の職員に加えて、アフターケアの相談員へのインタビューをしました。その中で、退所後の生活や進路に役立つ知識、経験、つながりを得るっていうことを、施設に入所している間にやっておいてほしいというのが、アフターケアの相談員の方からの施設職員へのメッセージなんです。

やはり孤立に陥るリスクのある退所者ですので、支えになる人とのつながりがとても大事だということです。退所後に頼る場所の選択肢を、入所中から提示することが必要です。病気になってしまったり困難を抱えている子どもでも、周りにサポートをしてくれる人がいると、安定することができます。退所者支援の立場から見ても、周りにサポートしている人がいるかどうかが非常に大きいので、入所中からいろいろと頼れる場所を子どもに提示していくことが必要だということです。

頼る場所の選択肢というものが、施設を退所した子どもは元々少ない傾向があります。だから一つの頼れる場所を失うと、そのまま孤立してしまう状況になる場合がある。入所中からいろいろな相談機関等に子どもが信頼している施設の職員と一緒に出向いたりして、退所後の支援者につなげておくっていうことが大事だということです。

かつ、やはり入所中の職員との良好な関係性が、退所後の施設や他機関とのつながりを促すということです。やっぱり施設に帰ってみようかなとか、困ったときに頼ってみようかなっていうのは、入所中にどれだけ職員と関係性ができていたかというところからつながってくるものだと思います。そういった信頼できる人が教えてくれたサービスであれば、子どもも使ってみようという気持ちになってくれるんじゃないかということです。

また、退所する時、施設の職員さんに「頑張ってね」と言って送り出してもらった。それも大事なのですが、退所後困ったとき、頑張れていないとき、例えば働けなくなったとか退学しそうだっていうときは、あんなに応援して送り出してくれたのに、申し訳なくてむしろ施設には帰れないと思うことがあるということでした。かっこいい自分のときは出身施設に帰れるけれども、かっこ悪かったり、自分が本当にしんどいときは、職員が自分に期待してくれたからこそ、帰りにくいという話もあります。

だから、施設の職員としては、何歳になっても大変なのは当然なんだから、いつでも帰ってきていいんだよっていうふうに伝えてあげてほしいという意見もあります。あるいは施設にはかっこいい姿のときだけ帰りたいのであれば、かっこ悪いときに頼れる人につながっておく。むしろアフターケアの相談員の方が関係性が薄い分、しんどいときに頼りやすい場合もあるかもしれません。なので、子どもにとって頼れる場所はグラデーション的にあるのがいいなと思います。濃い関係性から薄い関係性まで、いろんな人とのつながりがあることで生活をしていけるんじゃないかと思います。

それから課題だと思うのが、施設によって、退所者にとって有効な資源を提供する力に差がある点です。例えば様々な奨学金があって、それを施設職員が紹介できればその子はもしかしたら進学できたかもしれないけれど、奨学金の要綱が来ていても施設長で止まっていて現場の職員におりておらず、子どもにまでその情報が行き渡らないといった事例です。したがって、子どもたちが自立に役立つような情報を、適宜その子の希望に合わせてつなげられる力量を施設間で標準化することも、社会的養護で取り組むべき課題だと思います。

●まとめ

これらの三つの調査を踏まえてまとめると、入所中の生活の安定や、二四時間一緒に生活している身近な施設職員との信頼関係の構築が重要だということです。これは、三つの調査結果に共通して言えることです。加えて退所者の視点からは、施設の中だけではなく地域、学校の中での経験も、自立のために大切な経験であったということです。そして、施設職員は施設の中の生活をいかに充実させるかっていうことを大事にしているし、自分たち施設職員が、退所者とつながり続ける必要があるっていうような意識も持っていました。アフターケアの相談員からは、入所中から自立に役立つ経験や情報を提供し、頼りやすい施設であるところを築いていってほしいと伺いました。

全体を通して考えたところでは、自立支援や児童養護施設で育つ子どもにとって、施設内での生活や人間関係は困難から回復するきっかけになるが、自立していくにあたっては学校での経験や地域の人々、社会資源とのつながりが重要な意味を持っているっていうことです。

私が参考にしている言葉に、「ほとんどの人はインフォーマルな支援をより頼りにし、またそれにより最も快適に過ごしている。したがって、社会的養護の若者のレジリエンスを促すためには、インフォーマルな資源の構築が重要な戦略課題であり、社会的養護による介入が成功したかどうかの指標に、社会的養護下で構築された子どものインフォーマルな支援システムの質が挙げられる」というものがあります（Gilligan, 2008）。いわゆる社会的養護の支援が、フォーマルな専門家による支援であるならば、そこだけではなくて、最終的には子どもがインフォーマルな地域や家族との関係の中で生活できるように支援していかなければならないと考えます。入所中から施設の中で自立のために何か教えたりすることに加えて、外の人とのつながりを促す支援が必要だというふうにも考えています。

すなわち、レジリエンスを促すという点においては、福祉、心理、医療などの専門職だけではなく、私達一人一人が誰かの回復を促すその人になり得るということだと思います。関係性はグラデーションだとお話ししたように、誰かとの些細な関係性であっても、例えば、時々声をかけるだけの誰かであっても、もしかしたら、みなさんが意図せずして、すでにそのつながりで誰かの回復を支えているかもしれないということです。むしろ専門家だけが子育てを支援する社会のあり方の方が課題が大きいのではないかとも思います。やっぱり人の成長や生活などに一人一人が前向きな関心を向けられる社会というのが、結果的に人の過去の傷つきからの回復を支えているんじゃないかなと思います。

【参考文献】

Gilligan R. (2008) Promoting resilience in young people in long-term care - The relevance of roles and relationships in the domains of recreation and work. Journal of Social Work Practice, 22, 37-50.

こども家庭庁（二〇二四）「社会的養育の推進に向けて」。

三菱ＵＦＪリサーチ&コンサルティング（二〇二一）「児童養護施設等への入所措置や里親委託等が解除された者の実態把握に関する全国調査　報告書」。

永野咲（二〇一七）『社会的養護のもとで育つ若者の「ライフチャンス」——選択肢とつながりの保障、「生の不安定さ」からの解放を求めて』明石書店。

内閣府（二〇一八）「子どもの貧困対策に関する有識者会議（二〇一八年一二月）配布資料『資料２　子供の

貧困に関する現状』」。

総務省（二〇二〇）「要保護児童の社会的養護に関する実態調査　結果報告書」。

徳永幸子（二〇一〇）「児童養護における自立支援の私事性と社会性」活水論文集（53）87－1。

梅谷聡子（二〇一九）「児童養護施設における子どもの自立の構成要素に基づく自立支援モデルの構築——インケアの役割に着目して」『豊かな高齢社会の探究　調査研究報告書』27、1－19。

梅谷聡子（二〇二二）「児童養護施設で育つ子どもへの自立支援の課題——ソーシャルワークにおけるレジリエンス概念を手がかりに——」（博士学位論文）。

Werner, E.E. & Smith, R.S.（2001）Journeys from Childhood to Midlife：Risk, Resilience and Recovery., Cornell University Press：New York, NY, USA.

全国社会福祉協議会　全国退所児童等支援事業連絡会（二〇一七）『社会的養護施設等の退所児童に関する支援の実態把握等調査研究等事業報告書』

（花園大学人権教育研究会第125回例会・二〇二四年一〇月一日）

多様性を包む共同体は可能か？

——他者の理解から共感へ

花園大学人権論集㉜

二〇二五年三月二〇日　初版第一刷発行

編者●花園大学人権教育研究センター
〒六〇四-八四五六
京都市中京区西の京壺の内町八-一
TEL・〇七五-八一一-五一八一
E-mail・jinken@hanazono.ac.jp

発行●批評社
〒一一三-〇〇三三
東京都文京区本郷一-二八-三六　鳳明ビル
TEL・〇三-三八一三-六三四四
FAX・〇三-三八一三-八九九〇
振替・〇〇一八〇-二-八四三六三
E-mail・book@hihyosya.co.jp
http://hihyosya.co.jp

印刷製本●モリモト印刷株式会社

●執筆者紹介

藤尾まさよ——崇仁発信実行委員会代表
石﨑　立矢——京都新聞社 読者交流センター長（現舞鶴支局長）
三輪　晃義——弁護士
木村　　裕——花園大学文学部教授、教育方法学
伊藤美和子——花園大学社会福祉学部専任講師、保育学・言語習得論
梅谷　聡子——花園大学社会福祉学部講師、児童福祉・ソーシャルワーク

ISBN978-4-8265-0749-3 C3036 ¥1800E　Printed in Japan